AI×ロボット革命

AZ日本AIロボット株式会社
新井 亨
鄭 剣豪

プロローグ

日本の株価がバブル期を超えて史上最高値を更新し、日本経済が復活した、そう感じている人も多いのではないでしょうか。でも実際に日常生活が豊かになっているのと感じている人はどれくらいいるのでしょうか？未来は明るいと感じている人がどれだけいるのでしょうか？　おそらく景気が良く、未来は明るいと実感している方は少ないのではないでしょうか。

最近の厚生労働省が実施した調査では、日本人の生活苦に関するデータが報告されています。

２０２３年の国民生活基礎調査によると、生活が「苦しい」と感じる世帯は59・6％に上り、前年の51・3％から8ポイント増加しています。

日経平均株価の推移

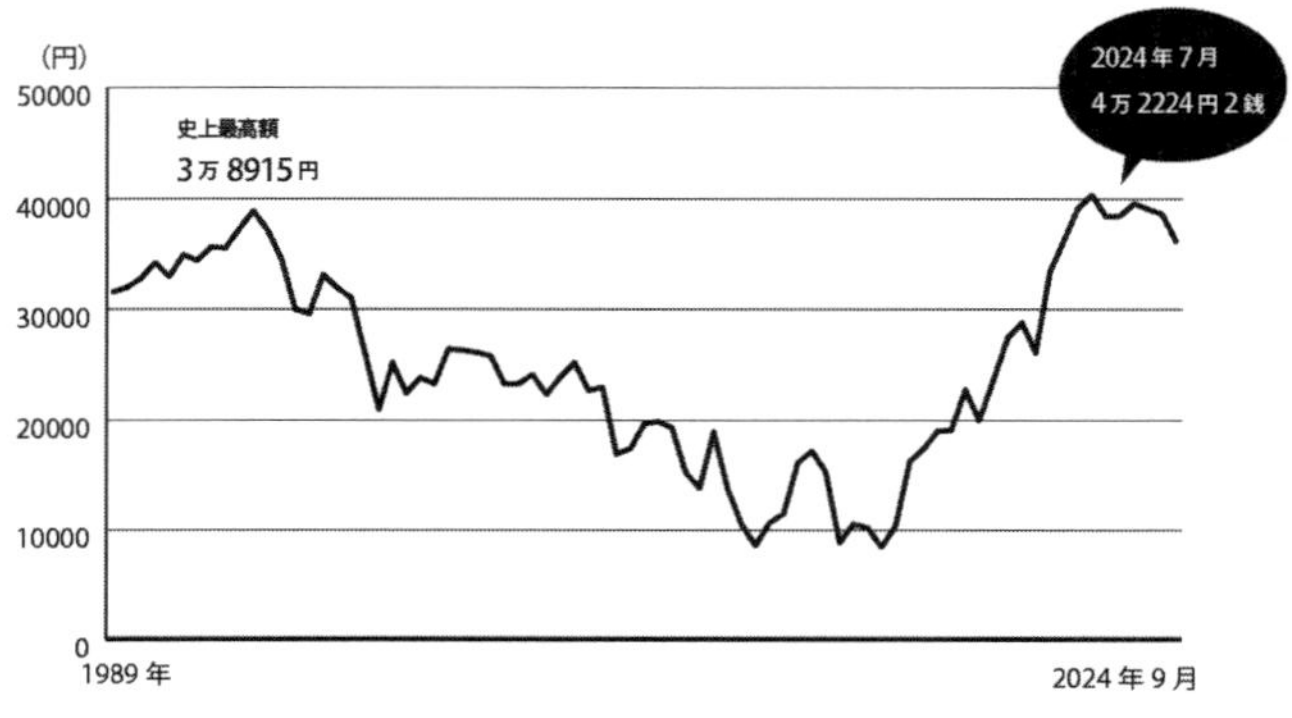

出典：Yahoo!Japan ファイナンス

つまり約60％の方が「生活が苦しい」と感じているということになります。

さらに内閣府世論調査では、所得や収入に関する満足度が低く、多くの人々が経済的な不満を感じているとされています。

具体的には、所得・収入に対する「不満」の割合が64・8％にも達しており、過去の調査から不満が増加しています。

収入について不満を持っている人が約65％という異常事態になっているのです。

それもそのはずです。

世界経済が右肩あがりで所得が伸びているなか、日本人の平均年収は30年間ほとんどあがっていないからです。

日本人の平均給与の推移

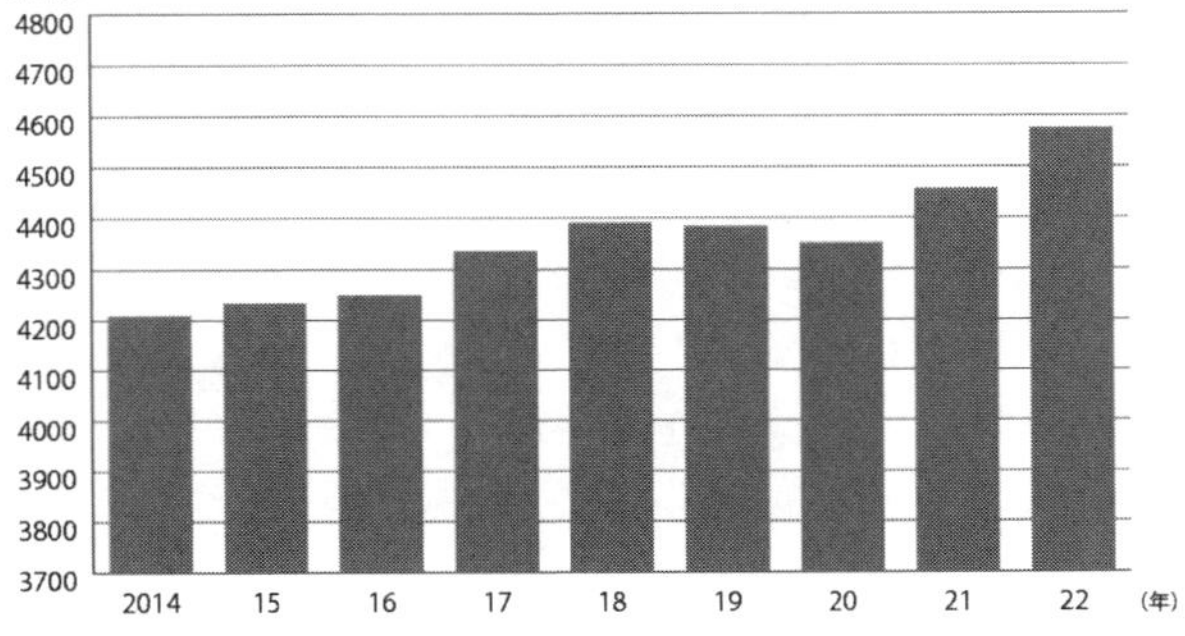

出典：国税庁　民間給与実態統計調査 2022 年

日本人の平均所得が伸びていない、ただ、横ばいでも大きく下がっていないならいいじゃないかって考える人もいるかもしれません。
しかし、所得税や社会保険、消費税など負担は増加しているのです。

家計に入ってくる金額は変わらないのに、負担しなければならない（財布から出ていく）金額は増えている。そりゃ苦しいよってなるのです。
入ってくるものは増えないのに、出ていくものは増える、そりゃ不満が出るよって話になります。

収入は増えないのに、負担だけ増えているので国民負担率はどんどん右肩あがりになっているのです。
ぜひグラフにしたのでみてください。

所得に不満を持っている人が多くて、負担だけが増

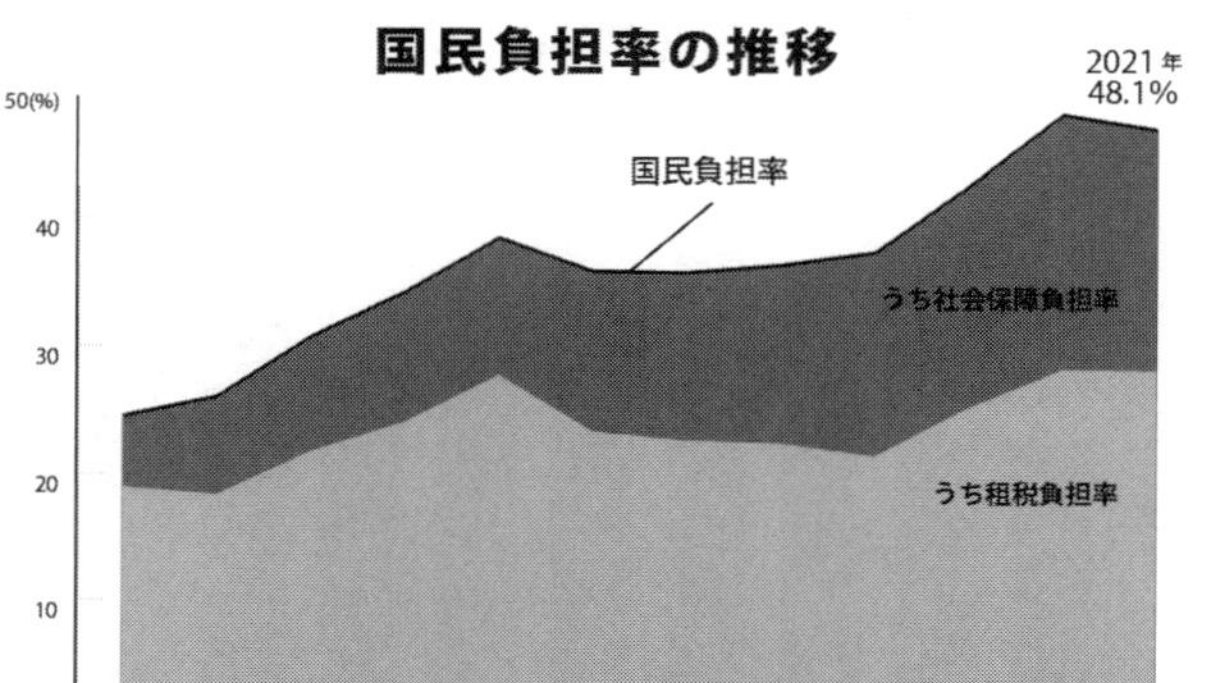

出典：財務省　国民負担率（対国民所得比）の推移　2023年

えている。

こういうデータをみると将来に不安を持っている人が多い、生活が苦しいと回答する人が60%もいることにも納得です。

このようなデータは、日本国内での経済状況が非常に多くの根本問題を抱えていることを示唆しています。**株価があがって喜んでいるのは一部の大企業と資本家であり、一般世帯は非常に苦しい生活を強いられているのが今の日本**なのです。

日本経済は所得が伸びずに負担だけが増える状況に陥り、日本は経済成長の停滞に苦しみ、国際的な影響力が著しく低下しました。

バブル崩壊の株価下落で不景気になり、家計の財布の紐がゆるまず、モノが売れない時代になったのです。

日本経済は価格を下げないとモノやサービスが売れないという、いわゆるデフレと株価が一向にあがらないという不況により、かつての勢いを失いました。

補足しておくと、デフレがつづくと、値段を下げなければ売れないので、企業は利益がでなくなります。
企業の利益がでないと雇用されている従業員の給与も増えないので、さらにモノが売れなくなっていきます。

負の連鎖となってどんどん不景気になっていく、いわゆるデフレスパイラルという状態に陥ったのです。

さらに不況が長引くと経済にとってマイナスのことが起きます。それは出生率の低下です。将来への不安が積もっていくと結婚して子供を育てるということに消極的になります。どれだけ政府が学費を無料にしますといっても、子供を育てるのに現実問題として教育費や食費などがかかってきます。

自分の子供には何不自由ない生活をさせたいと願うのが親の心情ですので、所得も伸びない不景気で経済

の先行きが見通せないなら出生率が下がる一方となるのは自然な流れなのです。

下のグラフをみてもわかる通り、出生率は右肩下がりを示しています。びっくりするかもしれませんが、**出生率が4・54という高水準の時代が日本にもあったのです。**

1947~1949年は出生率が4を超えており、いわゆるこれが団塊の世代です。

出生率だけではわかりにくいかもしれないので出生数もグラフにしました。出生数も右肩下がりを示しているのがわかるかと思います。

そして**これからもさらに出生数が下がると言われています。**

合計特殊出生率の推移

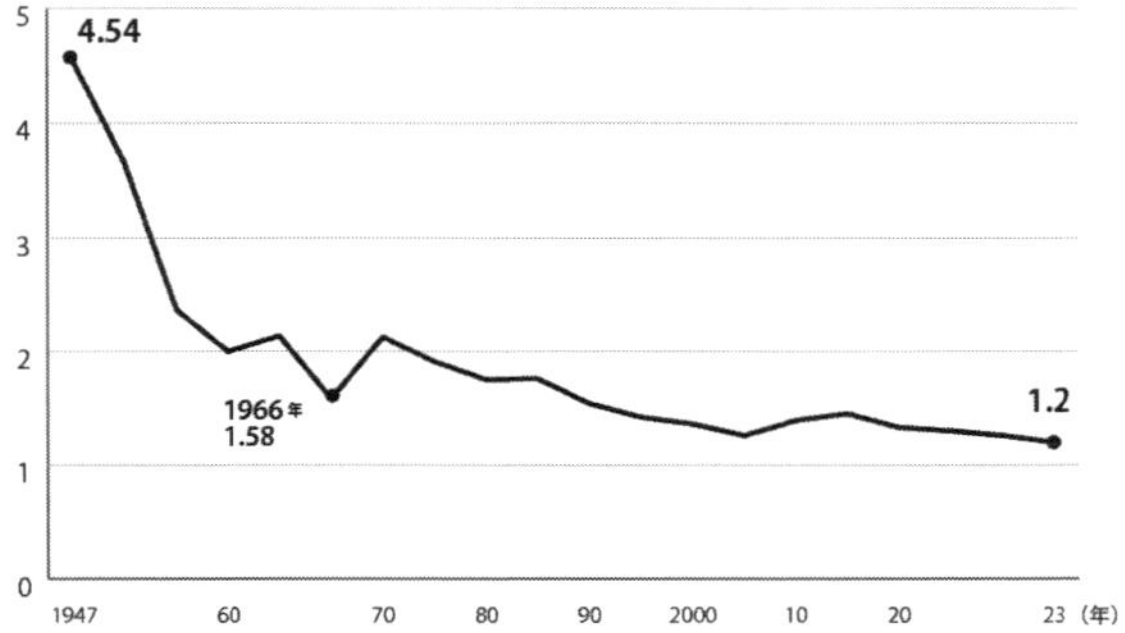

出典：厚生労働省　令和５年（2023）人口動態統計月報年計（概数）の概況

出生数もピークで250万人を超えていた時期から比べると3分の1以下になってしまっているのです。

出生率改善と出生数を増やそうと政府は少子化対策をしていますが、一向にあがらないという状態です。要因の１つとして賃料・食費や公共料金といった生活費と教育費などの上昇があげられます。

１人の子供が成人するまでに平均して３０００万円の費用がかかると言われているので、子供が２人いれば６０００万、３人いれば９０００万という費用がかかってきます。

子供が欲しいと考えていても経済的にきついという人も多いのです。

日本人の平均生涯年収は税引前で２億円程度、社会保険や税金を引かれた生涯手取り額は1.6億円ほどと言

出生数の推移

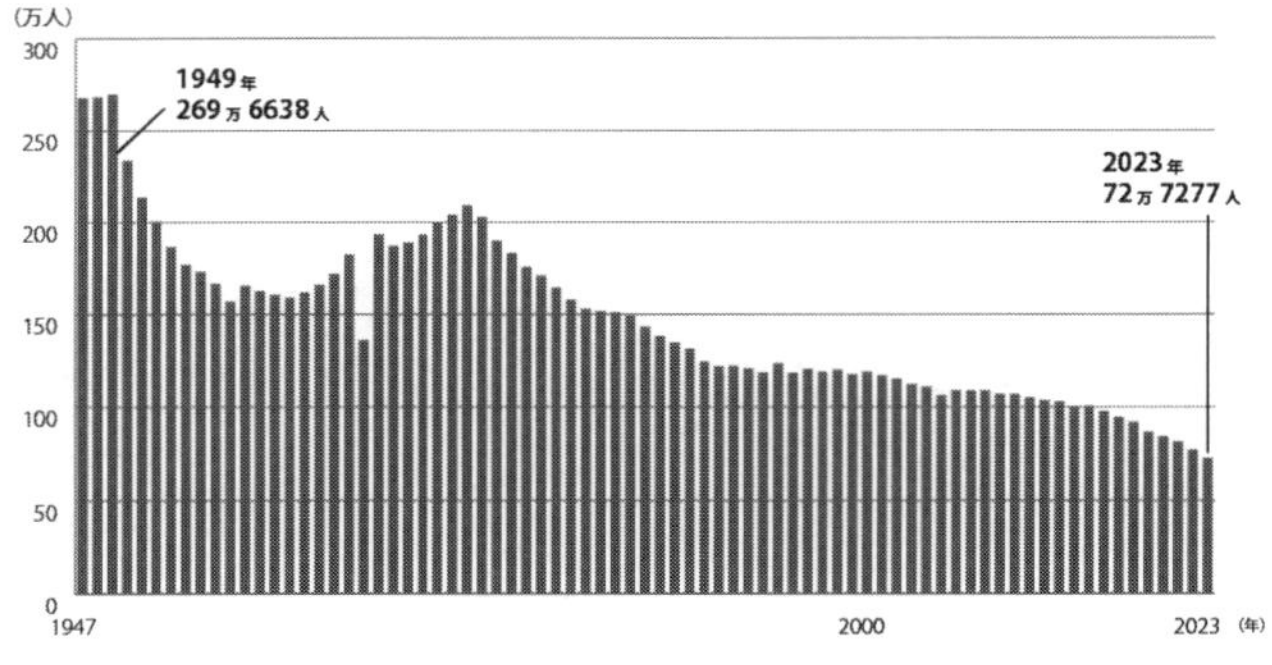

出典：厚生労働省　令和５年（2023）人口動態統計月報年計（概数）の概況

われています。

実態がわかりやすいように、表にまとめました。

1人が成人するまでに3000万円かかるわけですから仮に3人いれば9000万かかるわけです。手取りの半分以上を子供に使うことになります。

冒頭でお伝えした通り所得自体は伸びていないので、所得を増やそうと思ったらフルタイムでの共働きをするしかないのです。夫婦で共働きした生涯年収は4億円（生涯手取りで3.2億円）程度と言われています。

フルタイムで共働きをすると家計所得はあがりますが、お互いが働いている間に子供を預かってくれる施設が整っていなければなりません。

これが地域によっては追いついていないのです。

生涯年収の平均値・中央値

全体	中央値	1億9,140万円
	平均値	2億2,112万円
男性	中央値	2億2,200万円
	平均値	2億4,591万円
女性	中央値	1億5,420万円
	平均値	1億7,505万円

出典：doda　正社員の年収中央値は？　https://doda.jp/guide/heikin/median/

待機児童を減らそうと東京を中心とした大都市では保育所を増やしました。そのため、子育て世代が地方から大都市に移ってきて、大都市に集中してしまったという弊害も起きています。加えて、仮に子供を預けることができたとしても、両親の所得が多ければ料金が高額だったり、夜遅くまで預けたりできないなど他にも問題は山積みなのです。

一昔前まで日本では専業主婦が多かったのですが、所得が伸び悩むなか、結婚後もフルタイムで夫婦共働きをする世帯が増えています。

グラフにしたのでみてもらえば一目瞭然だと思います。

少し前までは、男性がフルタイムで働き、女性がパートタイムで働いて年間103万円の扶養の範囲内でというパターンも多かったのですが、家計負担は年々上昇し

共働き等世帯数の推移

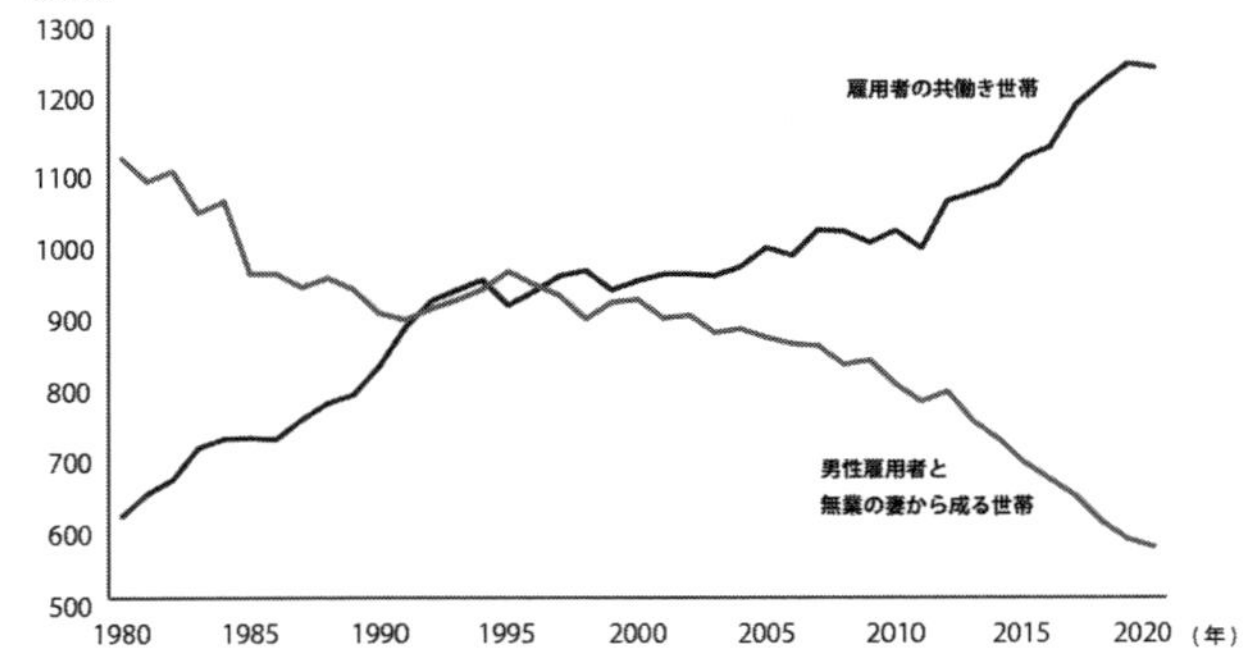

出典：厚生労働省　令和３年版厚生労働白書

ているので、共働きをしないといけない状態になってきているのです。出生率1.2という今の数字からもわかるように子供が1人か2人というケースが多く、出生率が大幅に改善することは難しいのが現状となっているのです。

出生率が1.2というのがどういった数字なのかイメージできない人が多いかもしれないので、わかりやすく解説しますね。

人口が減少に転じるポイントは、出生率「2・07」と言われています。

1人の女性が生涯に産む子供の数が2・07人以上であれば、長期的には人口が維持されるとされる数字になります（つまり出生率が2・07を下回ると人口が維持できず、どんどん減っていく）。

しかし、日本の出生率は、1.2まで低下し、この水準を大きく下回っています。この低い出生率がつづく限り、日本の人口は減少しつづける運命にあるということです。

この状況は、日本の社会全体にとって深刻な危機なのです。

つまり全体の人口が減るだけでなく、子供（若者）が一気に増えることはないということなのです。

仮に出生率の数字がある程度改善したとしても、出生数はピーク時のような数字まで伸びることはありえません。

つまり若者が劇的に増えていくことは期待できないということになります。

ではこれから何が起きるかというと、年に200万人以上の出生数を誇った世代が現役を引退します。そして、若者がその世代を支えなければならないのです。

若者は増えずに後期高齢者が年々増加するといった社会構造になっているのが今の日本なのです。

一気に少子高齢化が進行し、**労働力不足がこれからさらに社会問題になる**のです。働く人が減るので税金を納める人は減り、経済成長はせずに下降線をたどる要因となります。現役で働いてくれる方がどんどん引退して、それを現役世代で支えなければならず、しかも若者は増えていかないという状況は変えられないのです。

高齢化社会になると社会保険の負担がさらに上昇するという想像したくない、まずい状態になっているといえます。

高齢者が増えるので社会保険料の負担が増えることはすでにほぼ確実視されている状態なのに、財源となる税金を納めてくれるはずの現役世代がこれから減っていくという状況です。

「失われた30年」という言葉を聞いたことがある人は多いかと思います。「失われた30年」というのは日本が30年間、ほぼ経済成長できなかった期間のことです。日本は1990年にはさまざまな分野で世界的なシェアを握っていました。ですが、かつてトップシェアを取っていた分野でも、今ではそのシェアを落として影響力を失っているのです。

政府の高額な国債発行も持続可能性に疑問が投げかけられており、国家財政の健全性への懸念が高まっています。

これらの要因が組み合わさり、日本の国際的な地位は以前に比べて低下し、経済および政治的な影響力が低下しているのです。

まとめると日本は大きく3つの社会問題を抱えています。

①少子高齢化とそれによる国家財政の悪化

日本は世界で最も高齢化が進んでいる国の1つです。**これにより高齢化に伴う医療・社会保障負担、福祉費用の増大といった問題があり、経済成長の停滞などが生じています。**さらに経済成長の停滞による税収の減少が重なり、赤字国債でやりくりをしているため国（日本政府）の借金が増加しています。これにより、将来の財政持続可能性に対する懸念が高まっています。

②経済停滞と雇用の不安定さ

長引くデフレと経済成長の低迷がつづき、若年層を中心に非正規雇用が増加しており、安定した職に就くことが難しくなっています。以前のような終身雇用は崩壊し、転職などを繰り返す時代になっています。さらに**長期的には少子高齢化により、現役で働ける人口が年々減っていくことが予想されています。**一部の業界では慢性的に人手不足が発生しています。さらに人口は減りつづけるので人手不足は解消しないと予想されています。

③地方の過疎化と中央集権

人口が都市部に集中する一方で、地方は過疎化が進み、地方経済の衰退や地域コミュニティの崩壊が進行しています。これが地域間格差の拡大を招いています。**このまま過疎化が進むと47都道府県が維持できないとすら言われています。地方の廃墟やゴーストタウンの増加が予想されています。**

これらの問題は相互に関連しており、それぞれが他の問題を引き起こしたり、悪化させたりする可能性があります。

3つの問題をまとめると人口減少はこれからさらに進みます。出生率は改善が難しいため若者の負担が増加し、地方の若者は都心部へ働きに出るため、地方経済は衰退し、地域の税収は年々減少し、魅力のない地方は次から次へ破綻していく可能性があるのです。

さらに人口が減ることで日本は国としての力も下がっていき、負のスパイラルに陥ります。想像するだけでぞっとするような未来が目の前で起ころうとしているのです。

こうした問題は、起きる可能性があるというレベルの話ではなく、ほぼ確実にやってくる未来の話なのです。すでに地方ではゴーストタウンが増えてきています。

日本経済を支えてきたとされる団塊の世代（1947～1949年に生まれた方）が一斉に引退する未来もこれから数年後には確実にくるのです（人間は毎年必ず歳をとるので、これを変えることはできません）。

団塊世代が一斉に引退すると、一気に労働力不足が発生し、各業界で人手不足が深刻化します。

さらに引退する人口が増えるということは年金支給者が増えるということにもなるため、年金

制度も維持できなくなるのではないかという不安が拡大します。

さらに高齢化が進むことで医療や介護サービスへの需要は大幅に増大します。

しかし、ただでさえ医療や介護は人材不足なので、サービスを受けられないという問題が発生します。そして引退後、より便利なサービスを求めた高齢者の都心部への流入も加速することで、地方が一気に衰退し、地方経済が維持できなくなるなど、複数の問題が押し寄せてくるのです。

少子高齢化を防ごうと政府が対策をしていますが、十分に効果があるとは言えず、いまだに出生率の減少傾向に歯止めをかけることができません。

若者の収入が伸びない（そもそも日本全体で賃金が

高齢化の推移と将来推計

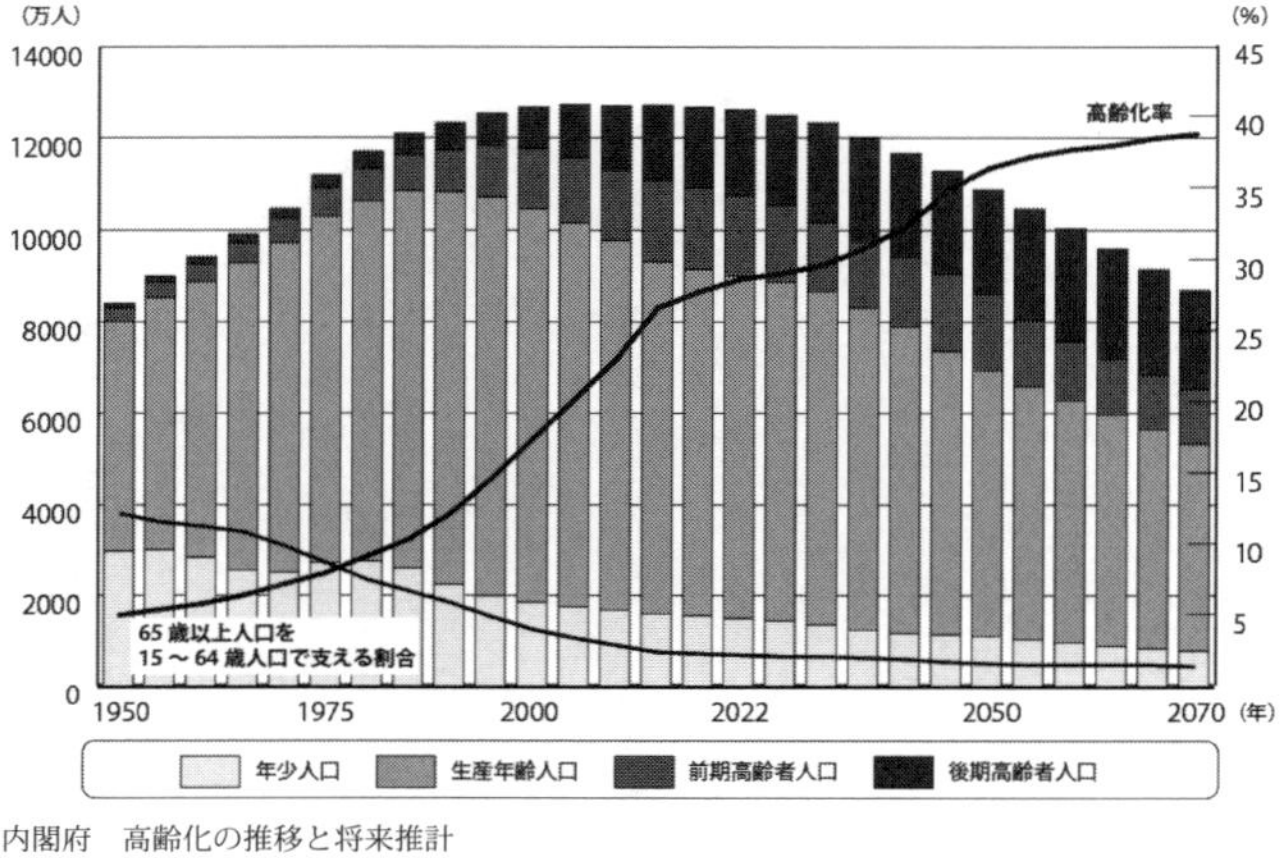

出典：内閣府　高齢化の推移と将来推計

伸びていない）のに負担は確実に増え、さらに結婚して子育てをしようとしても保育所の不足など仕事と家庭を両立しやすい社会基盤が整っていません。さらにはそれによって結婚に対する価値観の変化が起きて、子育てより個人の自由やキャリアを優先し、結婚を選択しない人が増えているのです。

最近では結婚しても子供を持たないという選択をする人も増えています。

冒頭のように生活が苦しいと感じている方が60％もいるような不安な状況であり、**明るい未来が想像できない状態がつづく限り、日本の人口減少は加速度的に進んでいくことは容易に想像できます。**

つまり、今の日本経済は非常に危機的な状況なのです。

こういったほぼ確実にくる未来を列挙すると閉塞感が漂ってきます。何も対策をしなければ間違いなく悲

年齢別全人口と将来推計

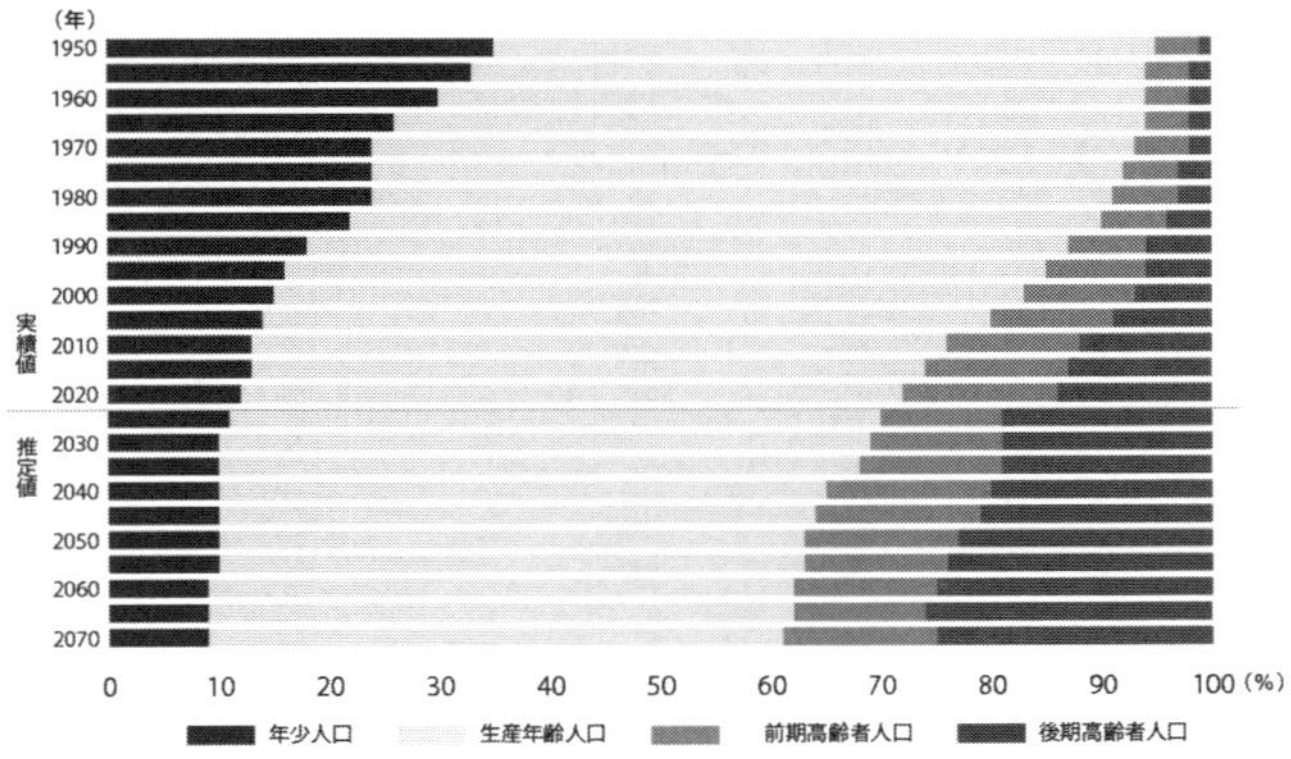

出典：内閣府　令和３年版高齢社会白書

惨な未来が日本には待っているといっても過言ではないでしょう。

つまり、日本は何か対策をしなければいけない時期にきているのです。

私は日本が大好きなのです。大好きな日本には昔のように世界中から憧れる国の地位を取り戻して欲しいと思っています。

簡単な自己紹介をさせてください。私は1981年生まれの新井亨といいます。

日本が世界経済の中心と言われていた時（いわゆるバブルと言われる1986～1991年）にはまだ小さかったですが、日本経済の活気と勢いを感じていました。とにかく日本人が希望を持って生活していたのをしっかりと覚えています。

私は海外旅行にいくのが趣味で、海外にいくたびに日本人として誇らしかったのを覚えています。世界へ旅行にいくと街中は日本企業のロゴで溢れており、多くの現地の方が日本車に乗り、日本のデジカメや家電を持っていて、日本のウォークマン（音楽を再生する機械）で音楽を聴いている。またオリンピックなど国際的なイベントのスポンサーはこぞって日本企業で埋め尽くされており、日本経済やそれを支えている日本の技術力と先輩たちに感服しました。

私は大学時代に中国へ留学をしているのですが、日本人だと伝えると、日本はすごい国だと羨望のまなざしを向けられました。家電メーカーから自動車メーカー、そして世界的なヒットを記録したアニメまで日本という国は海外から素晴らしい評価を受けていました。さらにファッションに関しても日本はアジアの先駆者でした。

名実ともにアジア経済のリーダーであり、世界経済にも大きな影響力を持っていました。ただ、そんな世界的に評価を受けていた日本はすでに過去のものになろうとしています。冒頭で記載した通り、所得は横ばいで伸びておらず、世界経済が成長をつづけるなか、伸び悩んでその影響力はどんどん小さくなっています。

日本は２０２３年にドイツに抜かれてGDPが世界４位になりました。そして近いうちにインドやインドネシ

日本と主要国の名目 GDP 推移

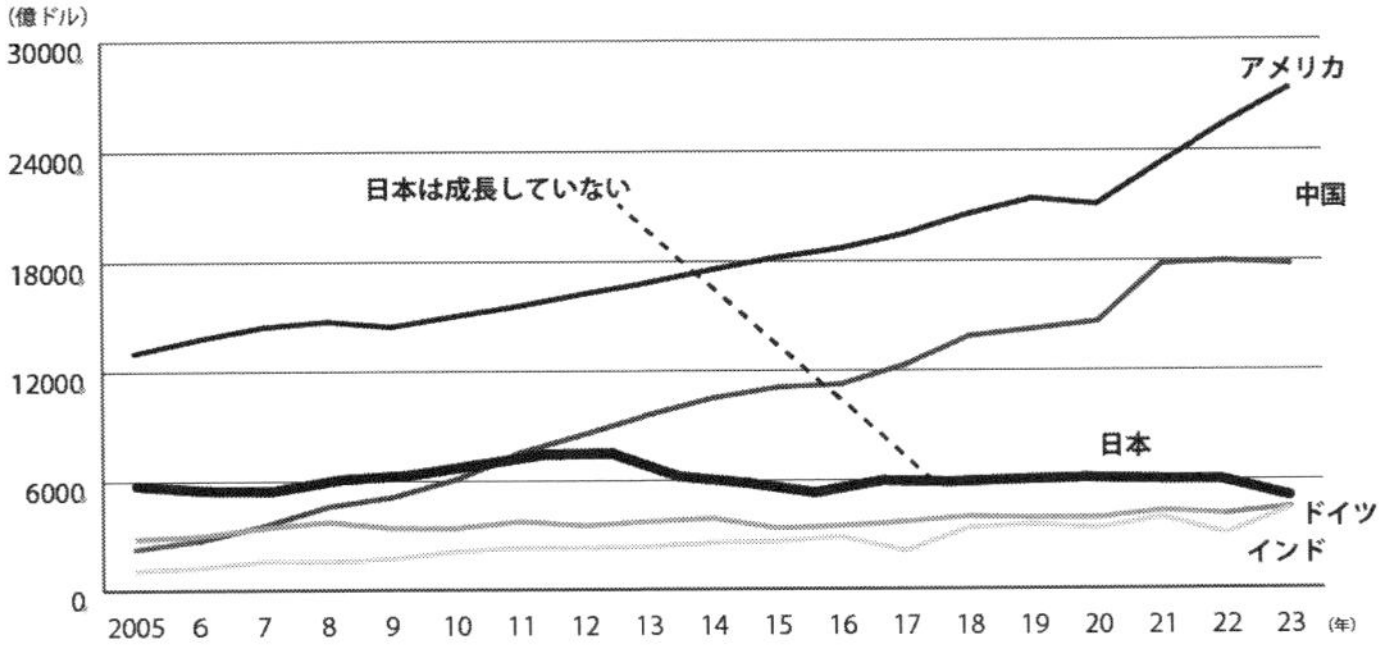

出典：内閣府　2022 年度（令和 4 年度）年次推計、経済局国際経済課　主要経済指標　2024 年 8 月

世界上位12ヶ国のGDP推移予想（兆ドル）

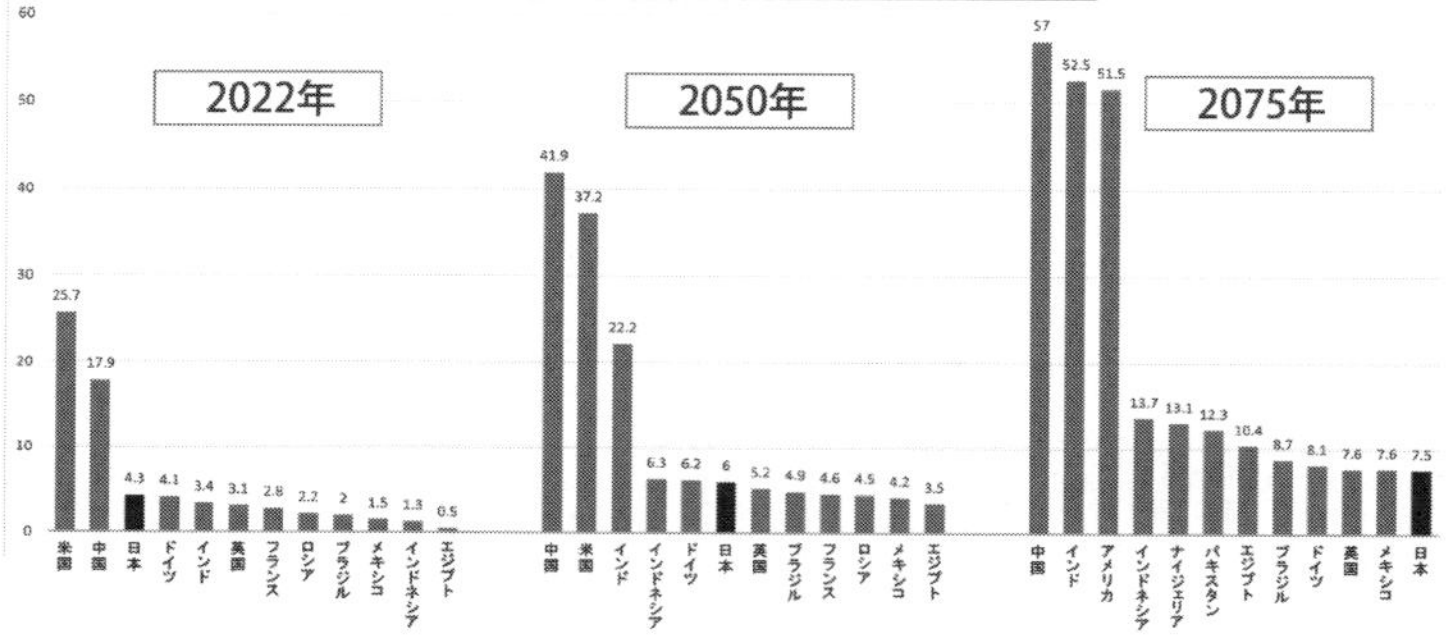

日本の影響力はどんどん下がる

出典：一般財団法人　国際貿易投資研究所　国際比較統計

上位20ヶ国の人口推移予想

順位	1950年	人口（百万）	2000年	人口（百万）	2030年予測	人口（百万）
	世界人口	2,536	世界人口	6,143	世界人口	8,548
1	中国	554	中国	1,291	インド	1,504
2	インド	376	インド	1,058	中国	1,464
3	アメリカ合衆国	159	アメリカ合衆国	282	アメリカ合衆国	350
4	ロシア	103	インドネシア	212	インドネシア	299
5	日本	84	ブラジル	175	ナイジェリア	263
6	ドイツ	70	ロシア	146	パキスタン	263
7	インドネシア	69	パキスタン	142	ブラジル	224
8	ブラジル	54	バングラデシュ	128	バングラデシュ	179
9	イギリス	50	日本	127	エチオピア	145
10	イタリア	47	ナイジェリア	122	ロシア	143
11	フランス	42	メキシコ	99	メキシコ	141
12	バングラデシュ	38	ドイツ	81	フィリピン	124
13	ナイジェリア	38	ベトナム	80	エジプト	121
14	パキスタン	38	フィリピン	78	コンゴ民主共和国	120
15	ウクライナ	37	エジプト	69	日本	119
16	スペイン	28	エチオピア	66	ベトナム	104
17	メキシコ	28	イラン	66	イラン	93
18	ポーランド	25	トルコ	63	トルコ	89
19	ベトナム	25	タイ	63	ドイツ	83
20	トルコ	21	フランス	59	タンザニア	79

出典：総務統計局　世界の統計 2020

アという国々にも抜かれると言われています。

世界の上位ならまだ全然気にすることないって感じている方も多いのではないでしょうか？GDPは国民が多ければ上位にランクインします。日本は人口が1.2億人以上いて、実は世界的にも人口が多い国なのです。対してドイツは人口が８０００万ほどとなっており、日本は人口がドイツより1.5倍も多いのに順位で抜かれてしまったのです。

さらに言いかえるとドイツの方が日本よりも１人あたりで1.5倍以上の生産性（付加価値）を生み出しているということになります。

日本の人口は世界的に今はまだ多い国ですが、これから急激に減少します。現在４位の日本ですが人口減少することで順位をどんどん下げていくことが予想されており、50年後にはトップ10の圏外になるとも言われています。

我々の先輩たちが築いてきた2位という順位はすでに過去のものになってしまったのです。

さらに衝撃的なのは国民１人あたりのGDPの順位です。

危機感を持っていない方も多いのではないかと思うので、どれだけまずい状況になっているのかを説明します。

今、世界全体での所得は順調に右肩あがりで伸びている状況です。その中で日本は横ばいなので１人あたりのGDPでは年々順位を落としています。

20年前、海外旅行にいったときに、海外は物価が安いと感じる方が多かったのですが、今は海外旅行にいくとあらゆるモノが高くなっていて、びっくりするという状況になっています。

２０００年代には間違いなくアジアのトップランナーだった日本ですが、現在、１人あたりのGDPに関しては世界で34位となっています。そして順位を年々落としてしまっているという状況なのです。

世界で34位でもアジアではトップ３に入っているのではないかと思っている日本人も多いようですが、も

海外旅行で感じる物価の変化

はやアジアの中でも上位ではありません。

アジアにおける1人あたりGDPの2024年のランキングは、1位マカオ、2位シンガポール、3位香港、4位台湾、5位イスラエル、**6位日本**、7位韓国、8位サウジアラビア、9位バーレーン、10位アラブ首長国連邦です。

かつて世界のお手本とされた日本は、今ではアジアの中ですらトップ5の圏外になってしまっているのです。

日本がアジアの中心だった時代を知っているからこそ、こういった現実をみると非常に寂しい気持ちになります。

日本は1人あたりのGDPではここまで順位が下がってしまっているというのが現実なのです。まずはここをしっかり受け止める必要があると思っています。

人口が減り、社会問題が山積みな日本は何かしなければならないという危機感を持ってほしいと冒頭でも述べました。

そもそも日本がこういった悲惨な状況になってしまったのはなぜか？　その経緯と原因につい

て深掘りをして、日本が何をしなければならないのかについてこれから話していきたいと思います。抱えている問題をしっかり理解し、その対策を実行することで日本経済はまた素晴らしい復活を遂げられるはずなのです。

まず、日本経済を復活させるキーワードは3つあると考えています。

①地方創生
②AI（人工知能）
③ロボット

3つのキーワードは聞いたことあるけれど、それがなぜ日本経済の救世主になるのかピンとこない人が多いと思いますが、この3つのキーワードこそが現在の日本の社会問題を解決してくれると考えております。

ここまで日本が抱える問題についてふれてきましたが、**日本で出生率を上げて、出生数を増やすのは現実的ではなく、ほぼ不可能だと言わざるをえない状況**の一方で、高齢者が右肩あがりで増加するのは確実な状況なわけです。

現役（働いて税金を納めてくれる）世代が増えないので、日本は労働力不足を解決しようとしたら２つの方法しかありません。

それぞれの解決方法を検討してみましょう。

まず外国人労働者をよぶ方法ですが、言葉や入国管理の問題などがあり、現役を引退して減った労働力分を外国人労働者で補うというのは現実的ではありません。単純労働をしてもらう外国人をよんでも生産性はあがりませんし、この方法は一時的な代替策に過ぎません。

なぜなら彼ら、彼女らも最終的には帰国する時がくるからです。

外国人労働者をよびこんで依存すれば、当面の人手不足は解消されるかもしれません。しかし長期的には

考えられる２つの対策

再び同じ問題に直面する可能性が高いのです。つまり問題の根本解決にはならないということです。

そのため日本が取るべきは、もう1つの方法に限られます。それは**AIとロボットを使って労働力を増やし、さらに生産性を上げていくこと**です。

つまりAIロボットを活用して機械化を進め、生産性を数倍に引き上げるのです。これにより限られた人材でもこれまで以上の生産性を実現し、持続的な成長が可能となるのです。

さらに日本はAIロボットの分野では世界的に影響力を持つことができる可能性を秘めています。

AIロボットで日本経済が驚くべき復活を遂げた、ワクワクするような明るい未来は、実は目の前にあるのです。

AIやロボットと聞いて、なんだか難しい内容の書籍ではないかと読むのをやめてしまう人がでないように、今回の書籍では技術的、専門的な話は一切なしで小学生でもわかるように専門用語を使わずに説明していきます。

AIとロボットの分野はすでに実用的なレベルにまで到達しています。今、どの程度のことが可能になっているのか、そして将来的にAIとロボットによってどんなことができるようになるのかについて詳しく紹介していきます。

この書籍を読むことで、AIとロボットの知識が簡単に備わります。

さらにAIロボットを使ってこれから何をしなければいけないのか、どのようにして日本は社会問題を打破できるのかを体系的に理解することができます。そして明るい未来があることがわかり、読み進めるなかでワクワクするような書籍になっています。

ただし、何も対策しなければ、生産人口の減少、都市への流入によって過疎化や財政破綻する地方が次から次に雪崩のように連鎖的に発生する事態が待ち受けています。

つまり**今すぐに対策をしないと大変なことになる**のです。

とにかく地方で人口が加速度的に減少しています。

地方にいくとシャッター街が増えており、想像以上に活気がなくなっています。

日本全土で少子高齢化は進んでいますが、地方は若者がどんどん都市部にいってしまうため、高齢化はさらに急速に進んでいきます。それに伴い税収は減っていき、社会保険などの負担は増え、かなりまずい状況を迎えるのです。

地方経済の話が出たのでちょっと財政破綻について話したいと思います。実際に日本では2007年に財政破綻してしまった市が存在します。

メロンで有名な夕張市です。

原因は夕張市の主要産業であった炭鉱業が衰退したことで、若者が一気に夕張市から転出したことです。

夕張市では税金を納めてくれる現役世代の若者が減ったことで税収は大幅に減少しました。そして、公共事業の返済に収入が追いつかずに、借金が雪だるま式に膨らみ財政を圧迫し、破綻を迎えたのです。

なんとピーク時には約12万人いた夕張市の人口は、7000人を切る水準まで一気に減少してしまいました。

時代の変化に追いつけず、雇用がなくなり、若者が一気に転出してしまうという典型的な構造にはまってしまったのです。

人口データが示すようにこれから日本の高齢化はさらに進行します。

それにより税収は加速度的に減少し、魅力のない地方はゴーストタウン・財政破綻という結末

を迎える可能性があるのです。

夕張市は実際に財政破綻を迎えました。これは他人事ではありません。

実は財政破綻予備軍の地方自治体はとんでもなく多いのをご存じでしょうか?

自分の市町村はまだ全然大丈夫だと考えて危機感がない人も多いかもしれませんが、現在これはものすごく深刻な問題になっているのです。

最近の研究では、日本の744の市町村が将来的に消滅の危機に瀕していることが報告されています。

744市町村と聞くと多いのか少ないのかわからないかもしれませんが、なんと全国市区町村の40%以上が消滅の危機に瀕しているのです。

世界の高齢化率の推移

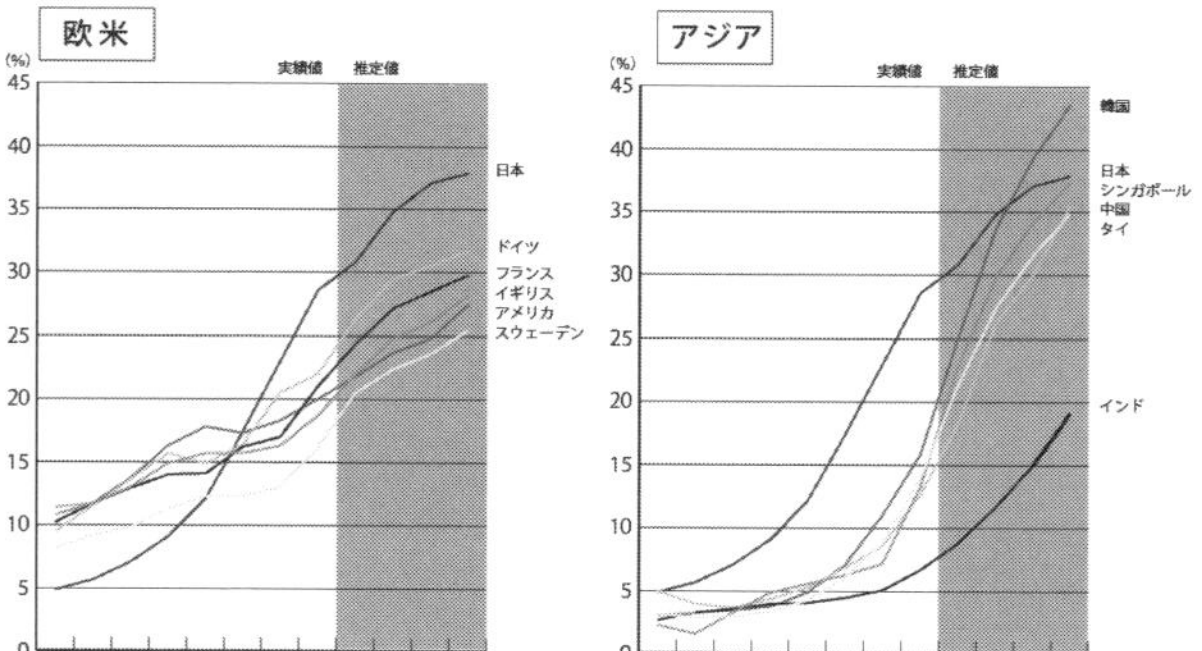

出典：内閣府　令和５年版高齢社会白書（全体版）

一番の原因は、地方で特に若い女性の人口が激減することによる影響が大きいとされています。消滅危機とされている地域では、若い女性の数が２０２０年から２０５０年の間に半分以下に減少すると予測されています。そしてそれに拍車をかけるのが、日本全国でみられる出生率の低下と若者の都市部への集中です。これにより、地方の小さな町や村が特に厳しい状況に直面しています。

ここまで市区町村は何も努力をしてこなかったわけではありません。必死に食い止めようと毎年予算を組み、問題に真剣に取り組んできました。

ですが一向に改善せず、問題はさらに深刻になっているのです。

もちろん日本政府としても問題意識を持っており、この問題に対応するために、出生率の向上や人口流出

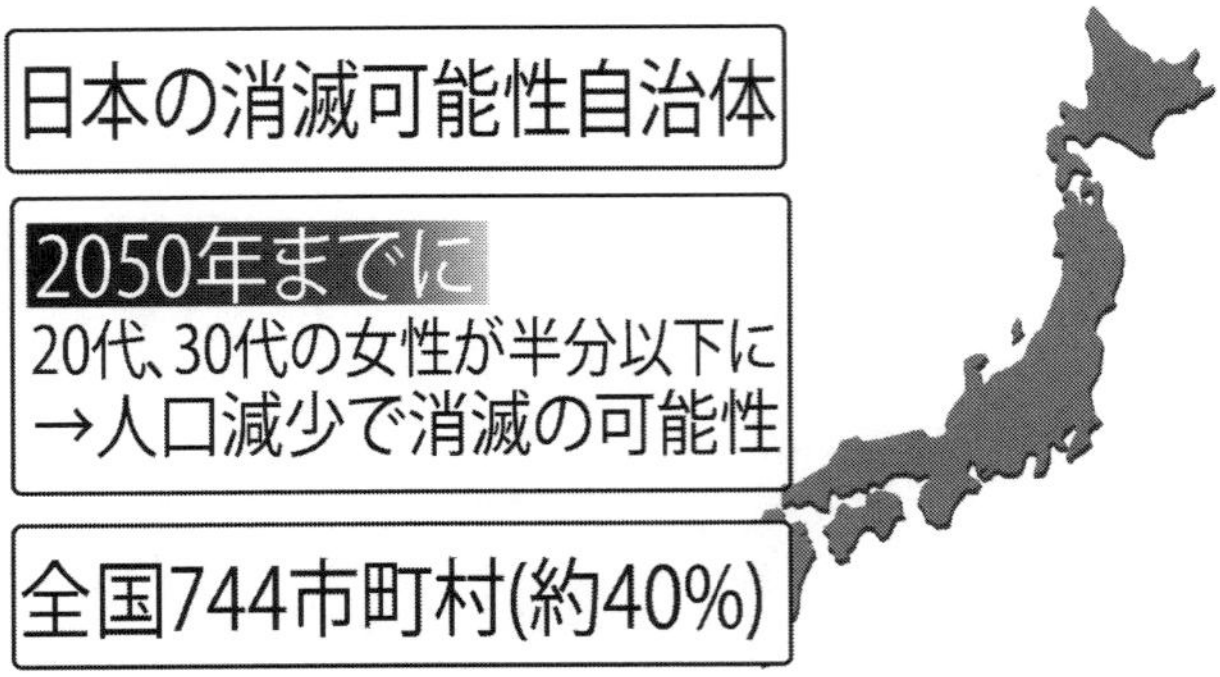
日本の消滅可能性自治体
2050年までに
20代、30代の女性が半分以下に
→人口減少で消滅の可能性
全国744市町村(約40%)

出典：人口戦略会議　令和６年・地方自治体「持続可能性」分析レポート

の防止を図る施策を推進しています。しかし、効果はほとんどないといっていい状態なのです。

地域別にみると東北地方には最も多くの危機に瀕する自治体があるとされており、逆に九州・沖縄地方は消滅可能性自治体が比較的少ないとされています。

北海道に関してはなんと65％以上の117市町村が消滅危機の可能性があるということが言われています。これは現在進行形で起きている問題なのです。

夕張市の財政破綻の問題を例にあげましたが、実はこの財政破綻後に夕張市を復活させるために尽力した人物がいるのをご存じでしょうか？

なんとその人物は日本人ではありません。

その人物の名は、中国人実業家の鄭剣豪氏です。

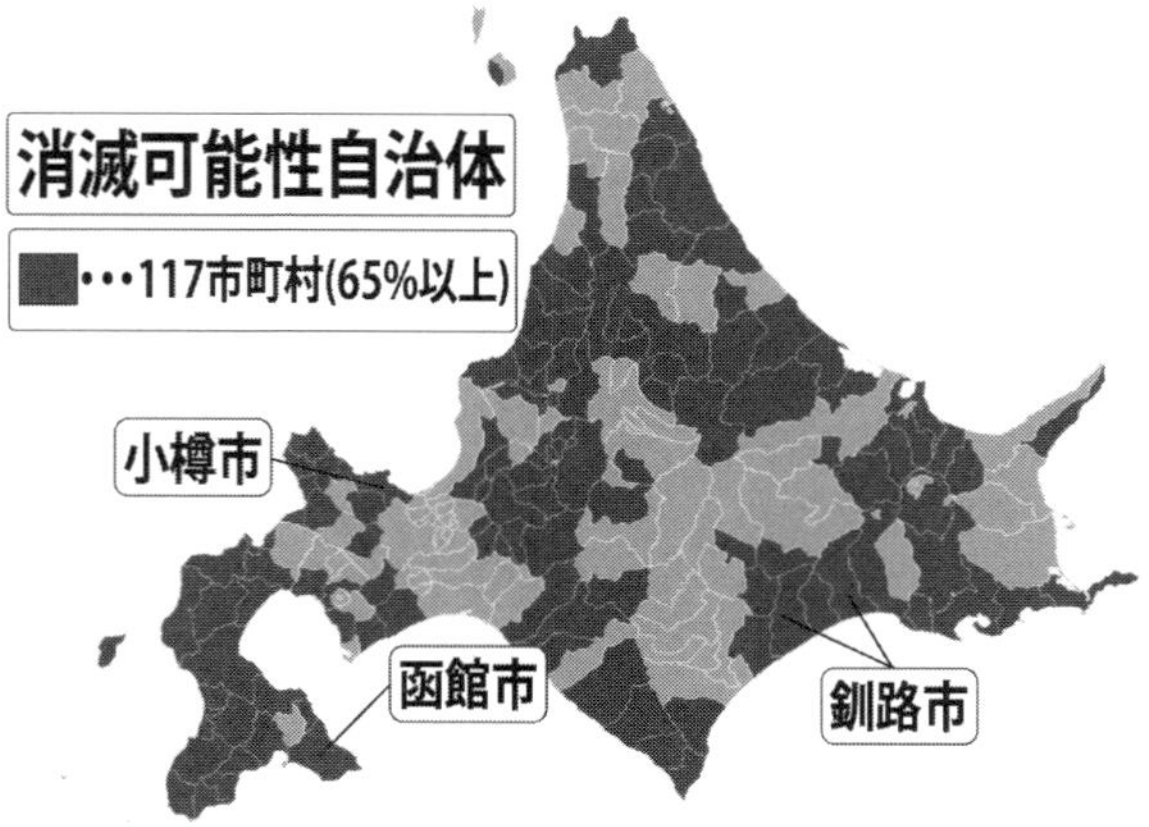

出典：人口戦略会議　令和６年・地方自治体「持続可能性」分析レポート

彼は夕張市の財政復活、地域社会の再生に向けて教育や地域経済の支援に重点を置き、スキー場を再開させるなど尽力をし、地域コミュニティーを強化しました。夕張市のような事態はこれからも起こりうるという危機感を持っており、現在進行形で消滅可能性自治体が増えている現状をなんとかしようとアクションをしているのです。

日本の少子化や地方の過疎化の問題について、日本人よりも真剣に取り組んでいる中国人実業家であります。

私新井は鄭剣豪氏が上場会社であるM・HグループをTOBした後に代表取締役をやってくれないかと打診を受けてからの仲になります。知り合って10年ほどが経過しており頻繁に情報交換を行ってきました。

その後私もサブスクとITを組み合わせた会社で東京証券取引所に上場をしました。

２０２４年には鄭剣豪氏らの保有しているアジア・ワン・センターのフォーラムにて講師としてスピーカーを担当しました。フォーラムでは、これから日本経済はどうやって復活をしていくかという議論が交わされました。

そこで中心となったのがAIとロボットです。

AIとロボットを組み合わせた技術は無限の可能性を秘めているということについて議論は大いに盛りあがりました。

冒頭からふれていますが、高齢化が急激に進んで、人口も減少し、労働力がどんどん減っていくのは確実に来る未来です。

それを解決してくれるのがAIロボットなのです。

詳しくはこれから説明していきます。

日本が大好きな私新井と鄭剣豪氏は日本の社会問題を解決し、また世界に影響力のある社会を目指すということで共感し、日本復活のキーワードであるAIとロボットに関する「AZ日本AIロボット株式会社」を設立しました。

私たちが立ち上げたAZ日本AIロボット株式会社は、AIとロボティクスの最先端技術を活用し、社会に革新をもたらす企業です。

会社名にあるAZはAからZまで全てが揃うという意味が込められており、AIロボットを通じて人々の生活

をより豊かにし、効率的で安全な社会を実現します。

私たちのビジョンは、日本の技術力を世界中に広め、日本が再びグローバルなリーダーとして認められることです。

人間とロボットが共存できる社会、世界中がAIロボットで溢れる社会を目指しています。

日本経済が再び世界を牽引する、そんな明るい未来を生み出すAIとロボットについて書いています。わかりやすくワクワクするような内容になっているので、期待しながら読み進めてもらえればと思います。

https://az-ai-robot.com/

第1章

日本の危機と秘めた可能性

日本と世界の比較

最新のグローバル企業の時価総額ランキングは衝撃的である

まずは次ページの表をみてください。この表は世界の時価総額ランキングの１９８９年と２０２４年のトップ50の企業を比べたものです。時価総額とは、「株価×発行株式数」で計算され、簡単にいうとその企業価値を示しています。

時価総額が高ければ高いだけ企業としての価値を評価されている（成長の可能性がある）ということになります。

１９８９年では、トップ30のうち、日本の企業が70%を占めています。日本は少し前まで世界でトップの成長率を誇っていたのです。

一方、「30分の21が日本勢」「50分の32が日本勢」だった１９８９年と比較して、２０２４年になるとトップ30の企業に日本の会社の名前はみられません。トップ50まで広げても1社のみがランクインしているだけです。２０２４年のランキングで日本企業の最高位はトヨタの39位です。

世界時価総額ランキング

1989 年

順位	企 業 名	時価総額（億ドル）	国・地域名
1	NTT	1,639	日本
2	日本興業銀行	716	日本
3	住友銀行	696	日本
4	富士銀行	671	日本
5	第一勧業銀行	661	日本
6	IBM	647	アメリカ
7	三菱銀行	593	日本
8	Exxon	549	アメリカ
9	東京電力	545	日本
10	Royal Dutch Shell	544	イギリス
11	トヨタ自動車	542	日本
12	General Electric	494	アメリカ
13	三和銀行	493	日本
14	野村證券	444	日本
15	新日本製鐵	415	日本
16	AT&T	381	アメリカ
17	日立製作所	358	日本
18	松下電器	357	日本
19	Philip Morris	321	アメリカ
20	東芝	309	日本
21	関西電力	309	日本
22	日本長期信用銀行	309	日本
23	東海銀行	305	日本
24	三井銀行	297	日本
25	Merck	275	アメリカ
26	日産自動車	270	日本
27	三菱重工業	267	日本
28	DuPont	261	アメリカ
29	General Motors	253	アメリカ
30	三菱信託銀行	247	日本
31	British Telecom	243	イギリス
32	BellSouth	242	アメリカ
33	BP	242	イギリス
34	Ford Motor	239	アメリカ
35	Amoco	229	アメリカ
36	東京銀行	225	日本
37	中部電力	220	日本
38	住友信託銀行	219	日本
39	Coca-Cola	215	アメリカ
40	Walmart	215	アメリカ
41	三菱地所	215	日本
42	川崎製鉄	213	日本
43	Mobil	212	アメリカ
44	東京ガス	211	日本
45	東京海上火災保険	209	日本
46	NKK	202	日本
47	ALCO	196	アメリカ
48	日本電気	196	日本
49	大和証券	191	日本
50	旭硝子	191	日本

32 社が日本企業

2024 年

順位	企 業 名	時価総額（億ドル）	国・地域名
1	Apple	28,860	アメリカ
2	Microsoft	27,848	アメリカ
3	Saudi Aramco	21,856	サウジアラビア
4	Alphabet	17,589	アメリカ
5	Amazon.com	15,408	アメリカ
6	NVIDIA	12,906	アメリカ
7	Meta Platforms	9,217	アメリカ
8	Berlshire Hathaway	8,009	アメリカ
9	Tesla	7,644	アメリカ
10	Eli Lilly and Company	5,943	アメリカ
11	Visa	5,396	アメリカ
12	Broadcom	5,032	アメリカ
13	JPMorgan Chase	4,973	アメリカ
14	UnitedHealth Group	4,962	アメリカ
15	台湾積体電路製造（TSMC）	4,863	台湾
16	Novo Nordisk	4,779	デンマーク
17	Walmart	4,260	アメリカ
18	Exxon Mobil	4,034	アメリカ
19	Mastercard	3,957	アメリカ
20	Johnson&Jonson	3,888	アメリカ
21	LVMH Moet Hennessy Louis Vuitton	3,834	フランス
22	Samsung Electronics	3,822	韓国
23	腾讯控股（Tencent Holdings）	3,533	中国
24	Procter&Gamble	3,504	アメリカ
25	Home Depot	3,463	アメリカ
26	Nestle	3,110	スイス
27	Merck	2,974	アメリカ
28	Costco Wholesale	2,936	アメリカ
29	貴州茅台酒（Kweichow Moutai）	2,885	中国
30	Oracle	2,887	アメリカ
31	Abbvie	2,850	アメリカ
32	ASML Holding	2,844	オランダ
33	Chevron	2,822	アメリカ
34	Bank of America	2,703	アメリカ
35	Adobe	2,643	アメリカ
36	L’ Oreal	2,606	フランス
37	Coca-Cola	2,599	アメリカ
38	Salesforce	2,525	アメリカ
39	トヨタ自動車	2,504	日本
40	International Holdings	2,428	UAE
41	Roche Holding	2,396	スイス
42	Advance Micro Devices	2,362	アメリカ
43	Pepsico	2,325	アメリカ
44	Novartis	2,202	スイス
45	Hermes	2,151	フランス
46	Accenture	2,134	アメリカ
47	Shell	2,130	イギリス
48	Netflix	2,123	アメリカ
49	AstraZeneca	2,121	イギリス
50	Mcdonald’ s	2,117	アメリカ

1 社 トヨタ自動車のみ

出典：STARTUP DB　2024 年世界時価総額ランキング。グローバルのトップ企業と日本勢の差はどれくらい？
https://journal.startup-db.com/articles/journal-startup-db-com-articles-marketcap-global-2024

日本は世界的な立場でどんどん影響力を失っている

１９８９年に上位を独占していた日本企業がたった30年ほどで上位から姿を消しました。この間、何が起こったのでしょうか?

日本が上位を独占していた時期と現在の状況を産業革命と言われるものと併せて説明するとわかりやすいのでまとめてみます。

第１次産業革命（18世紀後半～19世紀初頭）

特徴：水力や蒸気力を利用した蒸気機関や繊維産業の機械化。

主な革新：蒸気機関車、水力または蒸気力を利用した綿紡績の機械化など。

第２次産業革命（19世紀後半～20世紀初頭）

産業革命の変遷と現代までの流れ

第４次産業革命（21世紀初頭～現在）
革新的技術: 人工知能(AI)、ブロックチェーン技術、メタバース
影響を受けた産業: AIサービス、デジタル空間関連産業
概略: AIとの協働やデジタル領域での活動が、社会と経済の新たな主軸に。

▲

第３次産業革命（20世紀後半～21世紀初頭）
革新的技術: コンピューター技術、インターネット
影響を受けた産業: 情報通信業、サービス産業
概略: 知識労働が重要な役割を果たし、単純作業の機械化。

▲

第２次産業革命（19世紀後半～20世紀初頭）
革新的技術: 電気、内燃機関、通信技術
影響を受けた産業: 鉄鋼、自動車、化学、通信
概略: 大量生産の技術が発展し、重工業が拡大。

▲

第１次産業革命（18世紀後半～19世紀初頭）
革新的技術: 蒸気機関の発明
影響を受けた産業: 軽工業
概略: 蒸気機関により機械化された製造業への変革。

出典：総務省　第４次産業革命における産業構造分析とIoT・AI等の進展に係る現状及び課題に関する調査研究

特徴：電力導入による大量生産時代。製造技術、交通、通信技術が飛躍的に進展。
主な革新：組み立てライン生産、電気、電話、エンジン、自動車、電化製品

第３次産業革命（20世紀後半～21世紀初頭）
特徴：デジタル革命とも呼ばれ、アナログからデジタル技術への移行。
家電や個人用PCとインターネットによる情報革命、スマートフォン革命。
主な革新：個人用コンピューター、インターネット、スマートフォンなど情報通信技術。

第４次産業革命（21世紀初頭～現在）
特徴：デジタル革命を基盤に自動化、機械学習、人工知能、ロボット、リアルタイムデータを高速処理する技術。
主な革新：AI、ロボティクス、IoT、バイオテクノロジー、ブロックチェーン、メタバース。

日本は第２次産業革命から第３次産業革命までの期間で飛躍的に成長しました。日本は家電や携帯電話、電子機器ではどれも世界トップレベルのシェアを持っていたのです。
各産業革命は前の時代の革新に基づいており、世界の社会、経済、文化に大きな変化をもたら

しました。第4次産業革命は現在も進行中で、ここに今回の書籍のテーマであるAIとロボットが入っております。

日本企業の価値が評価されていないのは、日本はAI分野ではかなり後れをとっていると言われているためなのです。

第3次産業革命の途中まで圧倒的な優位性を持っていた日本

1970〜1990年代にかけて、日本は半導体でトップシェアを取り、自動車、家電製品などの製造業で世界をリードしました。TVや携帯電話（ガラケー）、白物家電、自動車なども技術革新のために積極的に投資し、高品質な製品を効率的に生産するシステムを確立しました。これにより、「メイド・イン・ジャパン」のブランドは高品質の象徴として世界中で評価されました。

この頃に日本的な企業の経営を賞賛した、『ジャパン・アズ・ナンバーワン』という書籍が発刊されました。日本企業の経営は世界のお手本とされ、とにかく世界経済への影響力を持っていました。国民1人あたりのGDPもG7の中でナンバーワンになるなどその影響力は計り知れないものがあったのです。

しかし、２０００年代に入ると、日本は時代の変化の波にうまく乗ることができずに、技術革新のスピードは一気に減速し、第４次産業革命を迎えた現在では圧倒的な後れをとっており世界に置いてけぼりにされてしまっているのです。

置いていかれてしまった主な原因は３つあると言われています。

①経営戦略が保守的であったこと（グローバルシェアを取りにいかなかったこと）

多くの日本企業は、既存の成功モデルを継続することを選び、デジタル化や新しい技術への適応が遅れました。

スマートフォンが1人1台の時代になりましたが、日本はSIMロックというような携帯キャリアの乗り替えを容易にできないような仕様を採用しました。

こういった端末をつくったことでガラケー時代はトップシェアを誇っていましたが、スマートフォン時代を迎え、一気にシェアを取られてしまいました。

現在、世界的にスマートフォンのシェアを持っている日本のメーカーはなくなってしまいました。日本は国内市場がある程度の規模があり安定しているので、多くのメーカーは世界に目を向けずに国内シェアの取り合いだけをつづけてしまったのです。

②半導体で不利な契約を結ぶという判断ミスをしたこと

今、半導体といえば、台湾ですが一昔前までは日本の半導体は世界シェアの過半数以上を占めていました。その当時日本は世界のトップでしたが、1986年に風向きが変わります。日米半導体協定と呼ばれるものが結ばれたのです。

協定には後に日本市場における外国製半導体の割合を20%以上とする目標の記載が加えられていました。

その後の日本の半導体市場への影響を鑑みても、非常に不平等な協定だったと言わざるをえません。

半導体の重要性に気がつかず、大きくシェアを落としてしまう判断ミスをしてしまったことは、今となっては取り返しがつきません。現在も日本が半導体で世界トップシェアを持っていたとしたら、今のような状況にはなっていなかったでしょう。当時PCやスマートフォンが1人1台の時代が来るというのを予測できなかったのも大きな判断ミスだったのです。

半導体の生産拠点について（2022年）

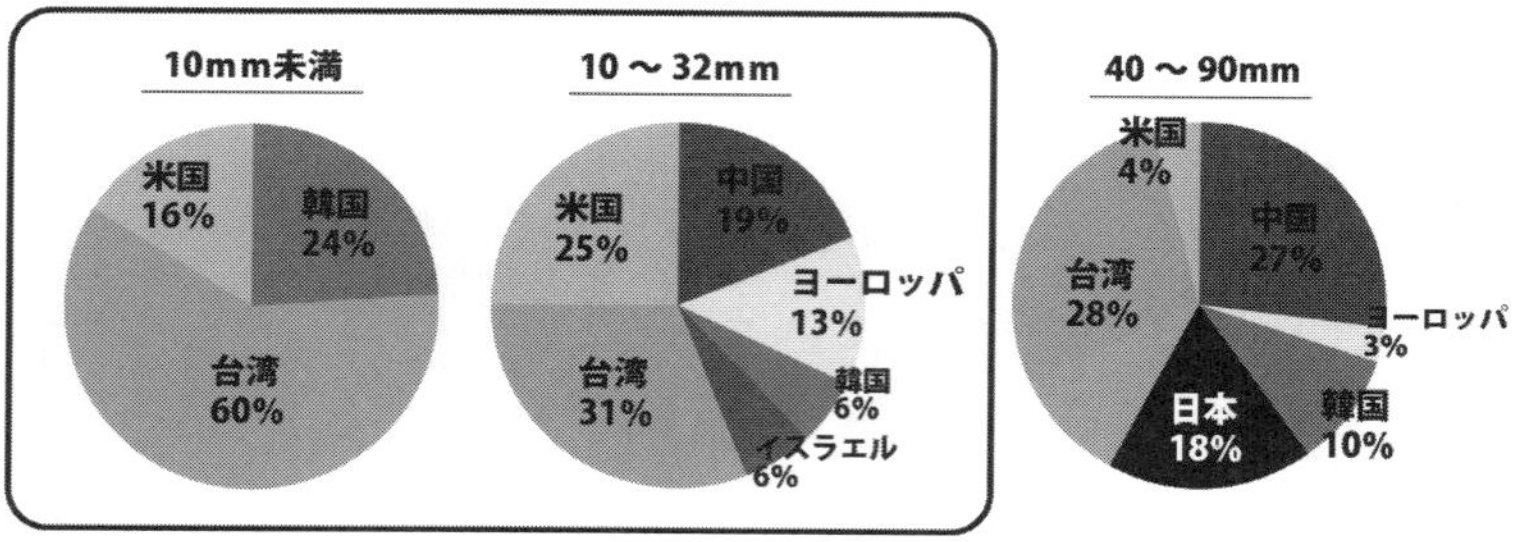

最先端半導体では日本はシェアほぼゼロ

出典：SEMI World Fab Forecast

半導体はあらゆる製品の心臓部、これがないと全ての製品が成り立たないと言われるほど重要な部分なのです。コロナ期間中に半導体工場の製造がストップし、世界中で半導体不足が発生して大きな影響がでたのもこのためなのです。

③先行投資型のベンチャーキャピタルの不足

アメリカや中国と比較して、日本はスタートアップでの資金調達が困難であり、革新的イノベーションを起こせるビジネスモデルが生まれませんでした。

Amazon のようなビジネスモデルはアメリカであったからこそ投資家から膨大な資金が集まったのであり、日本では赤字が積みあがっていくような先行投資型のビジネスには投資家が集まらないと言われています。新しい技術やモデルのイノベーションは、エンジェル投資などの膨大な投資が集まった大きな時価総額の会社から生まれるという特徴があります。

ですが日本ではこういった商習慣が根付いていないためこれができないのです。Amazon は1995年の創業から2003年に初めて黒字化するまで数千億円の赤字の状態でしたが、それでも投資がどんどん集まってシステムへの投資をつづけました。日本では数千億円の赤字が累積であったら誰も投資をしないでしょう。ですが結果として、イノベーションへの投資が成功し、今やAmazonの時価総額は280兆円にまで上昇しています。

日本にはとても真面目で保守的な国民性があり、新しいものや変化への対応に拒絶反応を示すのです。日本は変化することがとても苦手でイノベーションが起きにくいといえます。

時代の変化についていけず、イノベーションを起こせなければ、グローバル市場でシェアを獲得することはできません。変化を恐れていては先頭を走ることは難しいのです。

日本は1990年以前、携帯電話の端末、太陽光パネルや液晶テレビといった家電製品に関しては間違いなく世界のトップでした。

しかし、これだけグローバル化した社会では大量生産や価格競争、さらには研究開発に力を入れられないと、どんどん世界的なシェアを奪われてしまうのです。

半導体でトップシェアだった日本企業が一気にそのシェアを落としたのは、大型コンピューターから個人用PCに時代が移り変わるのを予測できずに、個人用PC（1人に1台パソコンの時代）が来るということを読むことができなかったからなのです。

今までの大型コンピューター用のチップ（DRAM）に関して品質を優先し、大量受注で大量生産するというコスト戦略への判断を誤ったため、価格競争に負けて一気にシェアを落とすことになりました。

同じように、電話とメールができるガラケーからスマートフォンへのイノベーションが来ている際にも、１人１台の時代が来ることが予想できずに、一気にシェアを失ってしまいました。

さらに液晶パネルや太陽光パネルも一気にシェアと競争力も失ってしまったのです。

シェアを落としたタイミングでは、どれも先行投資が必要という選択をできなかった。つまり思い切った先行投資をおこなわなかったのです。日本はバブル崩壊で景気が冷え込んだ時期にどのような経営スタイルをとったかというと、消極的な経営へ切り替えた企業が多かったのです。日本企業はどこも経費削減というキーワードのもとに、一斉に研究開発を削減しました。

研究開発費を削ると新しい技術も製品も生まれてき

各国企業の液晶パネル生産シェア推移

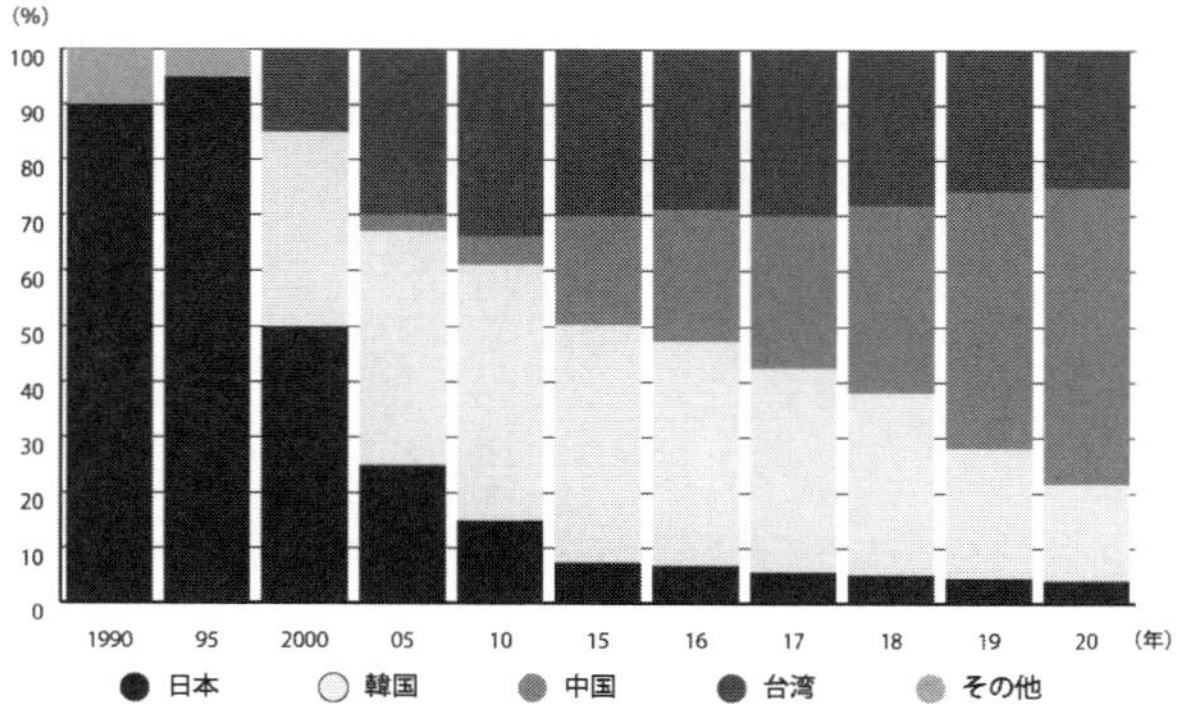

出典：経済産業研究所　液晶産業における日本の競争力

ません。時代の変化が起きているのに、まさにその時期に開発費を絞ってしまったのです。ここで一気に世界シェアを奪われてしまったのです。シェアを奪われてしまうと売上も伸びないため、さらに研究開発を絞るというまさに負の連鎖が起きました。

結果、日本メーカーはどんどん影響力を失っていきました。

非常に悲しいですが、研究開発費を絞ってしまうと新しいイノベーションは生まれないのです。それだけではなく、研究開発費を削減したことで、半導体分野でも最先端の日本の優秀な技術者が海外へ流出していきました。これにより積極的な研究開発費に投資できた海外メーカーのシェアが伸びて、日本メーカーのシェアが奪われてしまったのです。

日本がかつてトップシェアを誇っていた家電製品の現在の状況をまとめました。

テレビ（液晶テレビとブラウン管テレビ）

現在、サムスンが世界のテレビ市場でトップシェアを持ち、次いでLG、ソニーがつづいていきます。ソニーのシェアは大幅に低下しています。液晶パネルに関しても世界では日本は一気にシェアを落としてしまいました。

電気自動車

自動車産業では、依然としてトヨタやホンダなどの日本メーカーが強力な影響力を持っていますが、電気自動車（EV）分野ではTESLAや中国メーカー（BYD）が急速にシェアを拡大しており、電気自動車市場でのシェアはトップ10圏外になってしまっている状態です。

携帯電話（ガラケー）

日本はいわゆるガラケーという通話とメールができる携帯電話では圧倒的な世界トップシェアを誇っていました。iPhoneなどのスマートフォンが登場するまで日本製の携帯端末は世界で圧倒的なシェアを誇っていたのです。

スマートフォン端末が誕生した当初でも日本はトップシェアを誇っていました。しかし、SIMロックなど機

能を日本での販売に絞っており、グローバル市場を意識しなかったため、世界シェアを一気に奪われてしまいました。今大手メーカーでスマートフォン販売から撤退しているメーカーが続出しているのです。

ビデオカセットレコーダー

ビデオデッキは家庭に1台ある時代でしたが、デジタル技術の進展に伴い市場が縮小し、日本企業のシェアは事実上消滅しました。

ウォークマン

ソニーの「ウォークマン」は世界中で大人気となりトップシェアを誇っていましたが、携帯音楽プレーヤー市場はスマートフォンの普及により縮小し、ウォークマンのシェアはほぼ消失しました。スマートフォンというイノベーションで商品自体がなくなりました。

ラジカセ

ラジカセも市場の縮小により、日本企業のシェアは著しく低下しています。もしかしたら、若い世代ではみたことがないという人もいるかもしれませんね。

MDプレーヤー（ミニディスクプレーヤー）

MDもデジタル音楽の普及に伴い市場から姿を消しています。今やスマートフォンでクラウド上からリアルタイムで録音データをダウンロードできる時代になっています。

DVDプレーヤー

DVDプレーヤー市場もブルーレイやストリーミングサービスの普及により縮小し、日本企業のシェアは低下しています。今はDVDレンタルをする時代ではなく、オンラインでダウンロードしたり、定額で映画なども楽しむ時代になっています。これも技術革新によってシェアを一気に落としました。

エアコン

エアコン市場は、日本がトップシェアだったのですが、今は中国や韓国企業が台頭しており、トップシェアではなくなりました。依然として日本企業が強力なシェアを持っていますが、世界市場全体でみると、日本はシェアを落としているという状況になっております。

ハンディーカムカメラ

家庭用ビデオカメラ市場もスマートフォンのカメラ機能の向上により縮小し、日本企業のシェアは低下しています。昔、運動会では親御さんがハンディーカムを片手に子供を撮影しているのが一般的な光景でしたが、今はスマートフォンでそれが代用できるようになっています。

これ以外にも日本がトップシェアであり、日本企業がかつて市場をリードしていたものがたくさんあります。グローバルな競争の中でシェアを失ってしまった分野がこれだけあるのです。日本は少ない研究費を使って技術だけ最先端でいこうとして努力はしていましたが、イノベーションを興せませんでした。

それぞれの分野でのシェアを一気に落としてしまった要因には、技術革新、価格競争、消費者ニーズの変化などが影響しています。

日本は品質優位であり、グローバルのニーズをうまく汲み取れなかったので、今のような状態になってしまったのです。新しいイノベーションに積極的な投資ができない、どうしても保守的な現状のビジネスを伸ばそうとするというのは日本人の気質なのかもしれませんが、新しい技術を積極的に取り入れなかったのです。

市場として大きいと予想されていて先行投資が多い業界というのは、ハイリスク・ハイリターンになるのです。日本人は堅実で真面目な気質で先行投資ができないのはわかりますが、その結果が今に至っているというのを、いまいちど考えるべきなのです。

第３次産業革命の途中まで日本は間違いなく世界トップにいたわけです。

世界が日本をまねてお手本になっていたのに、それからたった30年で影響力がここまで下がってしまうなんて誰が予想したでしょうか？

日本人は保守的で国民性としてイノベーションの変化を恐れて、社会全体が新しい技術を受け入れるのに時間がかかってしまうというのに問題があると感じています。

スーパーコンピューター（高性能PC）から、個人用PCへの変革期、携帯電話（ガラケー）からスマートフォンへの転換、さらにスマートフォンを独自のSIMロックで日本でしか使えなくした（携帯キャリアの移動も制限した）ことでグローバル市場から一気に見放された、その間に韓国のサムスンや中国企業に一気に追い抜かれてしまったのです。

変化を恐れたことで一気に半導体でもシェアを取られただけでなく、あらゆる家電でも一気に

シェアを奪われてしまいました。

今ではグローバル市場で勝負している日本製の端末はソニーのXperiaだけで、他のメーカーは撤退しています。本当に残念すぎます。

ちなみにソニーのスマートフォンのシェアはどれくらいあると思いますか?

2020年度に公表されたソニーのスマートフォンの販売台数は290万台です（ソニー：決算短信・業績説明会資料「2020年度　補足資料」）。そして、アメリカの調査会社IDCが発表したこの年の世界でのスマートフォンの出荷台数は、12億9220万台でした。

なんとソニーの世界市場におけるスマートフォンのシェアは、約0.2％と1％にも満たない状況なのです。しかもほとんどの販売は日本であり、世界では売れていないのです。

これは、他の主要なスマホブランドに比べてかなり低い割合で、かつての日本メーカーの携帯電話市場における強力な存在感は、近年の激しい競争と市場の変化により大きく低下していることが窺えます。

いまだに特定のニッチ市場での競争力を維持していますが、全体的な市場シェアを大幅に拡大することは難しい状況となっています。技術力はあるのに、グローバルの流れを読み誤ったことで一気にシェアが急降下するという本当につらい状況になっているのです。

参考までにスマホブランドの世界シェアを紹介します（Stat Counter の２０２４年8月のデータより作成）。

アップル（Apple）―アメリカ：27％
ブランド名：iPhone
代表的なモデル：iPhone 16、iPhone 16 Pro、iPhone SE

サムスン（Samsung）―韓国：23％
ブランド名：Galaxy
代表的なモデル：Galaxy S シリーズ、Galaxy Note シリーズ

シャオミ（Xiaomi）―中国：12％
ブランド名：Mi、Redmi、POCO
代表的なモデル：Mi 11、Redmi Note シリーズ、POCO X シリーズ

オッポ（OPPO）―中国：5％

ブランド名：Find、Reno、Aシリーズ

代表的なモデル：OPPO Find X シリーズ、OPPO Reno シリーズ

ビボ（vivo）―中国：5％

ブランド名：Xシリーズ、Vシリーズ、Yシリーズ

代表的なモデル：vivo X シリーズ、vivo V シリーズ、vivo Y シリーズ

今スマートフォンは1人1台、なかには2台持ちって人も多くなっています。このスマートフォン市場が取れなかったのは大きすぎました。情報社会になってビッグデータやプラットフォームが年々成長している市場になっているのです。

今は昔のようにメモリーにデータを保存するのではなく、クラウドにデータ保存する時代になっております。

日本はこのクラウド業界でもシェアを取ることができませんでした。

日本がIT事業やスマートフォン市場で衰退をしている中で、世界では一気にシェアを伸ばして世界的な企業になったところがあります。**それがGAFAM（Google、Apple、Facebook、Amazon、Microsoft）であり、彼らが第４次産業革命の中心であるAI企業の台頭を大きく加速させました。**

日本が保守的な経営を選択した一方で、GAFAMをはじめとする米国のテクノロジー企業は、インターネットの普及初期から圧倒的なスピードで先行投資を繰り返しました。ユーザーの意見を反映し、とにかく使いやすさを意識して世界的なシェアを獲得していったのです。

そしてインターネットというインフラを最大限に活用し、巨大なプラットフォームを築きあげました。これらの企業は、デジタル広告、Ｅコマース、クラウドサービスといった新たな市場を創造し、絶えずイノベーションを推進してきました。

日本と違い、研究開発費の先行投資の決断は速く、そして巨額の先行投資を続々と実施しており、それによりさらなる成長をつづけているのです。

現在GAFAMをはじめとする企業の時価総額が多い企業が軒並み投資をしている分野がありま

す。**それは今回の書籍のテーマにもなっているAIの分野になります。**AIバブルと言われるほどその投資の金額は膨大なものになっております。残念ながら日本企業でAIの分野に巨額な先行投資をしている企業はないのが現状です。

ではなぜ世界の大企業がこぞってAIに投資をしているのでしょうか?

まずは背景を知っておく必要があります。

GAFAMをはじめとする企業がAIに積極的に投資している背景と戦略には、いくつかの要因と目的があります。これらの企業は、AI技術を活用することで、ビジネスの効率化、製品とサービスの向上、競争力の維持・強化を図っているとされています。

背景をまとめると次のようになります。

①技術の進歩

AI技術は近年急速に進化しており、ディープラーニング(人間の脳の働きを模倣した人工知能技術の一種)や機械学習のアルゴリズムが飛躍的に向上しています。大量のデータを迅速かつ正確に処理できるようになり、組み合わせることで**新しいビジネスチャンスが生まれています。投資家にとっても魅力的であり成長期待値も高く、それが時価総額として反映されています。**

②データの増加

インターネットの普及とデジタル化の進展により、企業が収集できるデータ量が爆発的に増加しています。

AIはこの膨大なデータを分析し、価値のある洞察（消費者の隠れた心理）を引き出すことが可能で、とにかく処理速度が速いことが特徴です。

人間はデータが集まれば集まるだけ頭の中は混乱しますが、AIはデータ量が多ければ多いだけより正確で的確な情報処理ができるようになるといった特徴を持っているのです。

③競争圧力

グローバルな競争が激化する中で、AI技術を活用して競争優位を確立することが企業にとって重要となっています。

独自のサービスにAIを組み合わせることで新しい市場を生み出し、価値を創造してシェアを取ることを目指しています。そのため先行投資としてAI事業へ投資をしているのです。

まとめると、自社の提供しているサービスに**AI技術を組み合わせることで、他が追随できないようなオリジナルサービスの提供を目指しており、新しい価値創造ができる**という期待が集まっているため、先行投資が過熱している状況になっているのです。

こういったAIに対しての先行投資戦略は製品やサービス向上にすでに反映されています。各社のケースについてみていきましょう。

Google

AIを活用して検索エンジンの精度を向上させるだけでなく、Googleアシスタントや Google 翻訳などのサービスでもAI技術を駆使しています。また、AIを使った自動運転技術の開発にも注力しています。IT企業が今ではAIを使って自動車をつくったりしているのです。

Apple

Siri や FaceID など、ユーザー体験を向上させるためにAI技術を活用しています。また、ヘルスケア分野でもAIを用いた健康管理機能の強化を図っています。

Facebook（Meta）

コンテンツのおすすめデータや広告のターゲティング（広告の最適化）にAIを活用しています。最近では、メタバース構想を推進するためにAI技術を積極的に採用しています。

Amazon

Alexa（アレクサ）やAmazon Goのような無人店舗でAI技術を活用し、顧客体験の向上に生かしています。物流の最適化や在庫管理にもAIを活用しています。

Microsoft

AIを活用してMicrosoft 365の機能を強化し、ユーザーの生産性を向上させています。また、Azure（アジュール）AIプラットフォームを通じて企業向けにAIソリューションを提供し、業務プロセスの最適化を支援しています。さらに、AIを用いた画像認識や自然言語処理技術を活用し、ヘルスケアや教育分野でも革新的なサービスを展開しています。

今まで経験や勘で行っていた分析や最適化などもデータから正確に出せるようになり、**分析を人ではなくAIにさせることで主観が入らない、より正確なデータを使って経営ができるようになりました。**

AIは人間のデータ処理能力を圧倒的に凌駕しており、主観も入らないため正確で正しい判断をすることに非常に役立ちます。

ユーザー（インターネット利用者）としてもAIを当たり前に使う時代の変化を迎えようとしているのです。

世界の大手企業はAIを使うことで会社の価値を何倍にも成長させることに成功しています。時価総額は会社の将来の期待値も含まれるので、どの企業も投資家から圧倒的な支持を得ているため、年々増加をしているのです。**日本企業は先行した研究投資が苦手なため、着実な成長は期待できても、爆発的なイノベーションが起こせないというのが投資家からの評価**なのです。その結果があっという間に時価総額でランク外になってしまった理由になります。

このままイノベーションを興せないでいると、その差はさらに開いていくことが予想されます。

東証の時価総額が数社の米国企業の合計に負けてしまうという衝撃

日本企業の過去と現在の時価総額の推移だけでも、十分にセンセーショナルですが、さらに驚きの事実をお伝えします。

米国のリーディングカンパニーである数社の時価総額は、日本の東証プライム市場に上場している全ての企業の時価総額の合計を超えてしまうという状態になっているのです。

ちなみに、東証プライム市場の企業数は、１６００社を超えています。

日本を代表する企業１６００社の規模を足し合わせても、米国の片手に収まる企業の規模に及ばないので

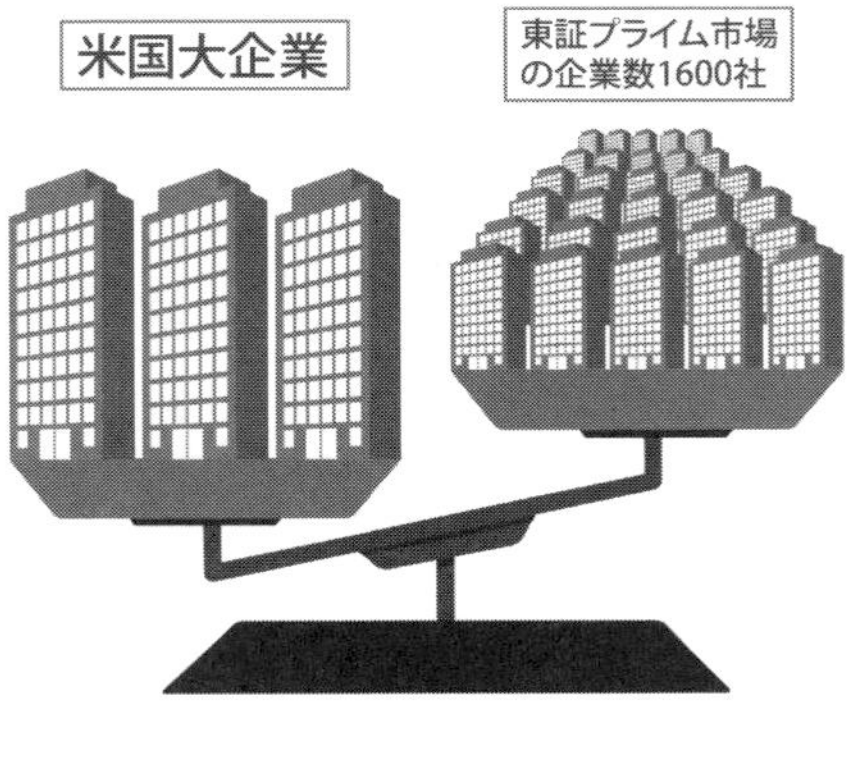

す。

先ほど日本が足踏みをしている間に世界が歩を進めたと書きましたが、それは少し差がついてしまったというような生ぬるいものではなかったのです。いかに後れをとっているかがお分かりいただけましたでしょうか。経済的には周回遅れどころではない溝をあけられてしまったのです。

私は日本が大好きですし、日本の価値が海外の各国に劣っているとはこれっぽっちも思っていません。確かに島国の日本では、独自の文化・伝統が息づいており、それらは経済的な価値のみに示されるものではありません。しかし、現実問題として、経済的な遅れは結果的には日本の文化をむしばむことになるかもしれません。

日本という国の文化・特色をこれからも守る、残していくためには、経済とは必ず向き合っていかなければならないのです。

日本は資本主義経済なので、日本企業が海外企業に続々と買われてしまうという時代も迫っているのです。令和の時代に鎖国なんてとても不可能なのですから、実際に、資本力を持つ海外企業が日本企業の経営権を握り、日本の産業や技術が海外に流出するということが既に起きております。この問題は、単なる経済的な課題にとどまりません。

日本企業が海外企業に買収されることで、日本の産業基盤が揺らぎ、国内の雇用が失われ、ひいては日本経済全体の衰退につながる恐れがあります。

日本が持つ技術力やノウハウが、海外の手に渡り、国際競争力がさらに低下してしまう危険性があるのです。今、私たちはこの現実を直視し、危機感を持って行動を起こさなければならないわけです。日本企業がグローバル市場で再び強さを取り戻し、競争力を発揮するためには、経営戦略の見直しや、革新をつづけるための大胆な投資が不可欠だと思います。

AI市場はこれから確実に成長する市場である

これからはGAFAMからMATANAの時代になる

改めて説明すると、「GAFAM」はGoogle・Apple・Facebook（Meta）・Amazon・Microsoftの頭文字をとった米国のトップ企業の総称です。皆さんも一度は聞いたことがあるのではないでしょうか。いわゆる世界を席巻した「IT企業」です。

世界ではこれから新たに「MATANA」の新時代が始まる、あるいは既に始まっていると言われています。

MATANAは、Microsoft・Apple・TESLA・Alphabet（Google）・NVIDIA・Amazonの頭文字を取った総称です。「GAFAM」と比べると、Facebook（Meta）がトップ企業の座を奪われ、TESLAとNVIDIAがトップの枠に収まったことを示しています。TESLAは、皆さんご存じイーロン・マスク氏がCEO（2024年9月時点）を務める電気自動車のトップメーカーです。ちなみに人型ロボットの開発も手掛けています。

MATANAの企業の特徴はAI分野に積極投資をしている点です。AIと自社の商品やサービスを組み合わせることで一気に成長することが予想されているのです。

日本のトヨタは販売台数と世界シェアがナンバーワンですが、時価総額ではTESLAの足元にも及びません。

TESLAとトヨタの時価総額には驚くべき差が生じており、TESLAの時価総額はトヨタを大きく上回りその差は拡大しているのです。トヨタは販売台数では年間１０００万台以上を誇っており、TESLAの数倍の規模であるにもかかわらず、なぜこのような状況が生まれているのでしょうか？

この状況は、日本が直面している深刻な課題を浮き彫りにしています。TESLAの高い時価総額は、単なる販売台数や現在の利益だけでなく、未来への期待と企業の革新力に対する投資家の評価を反映していると言われています。

TESLAは、電動化とAI自動運転技術という未来のモビリティ市場でリーダーシップを取ること

を目指し、そのビジョンに対して大きな期待が寄せられています。

TESLAは単なる自動車メーカーではなく、エネルギーソリューションやAI技術のリーダーとしての地位を築きつつあります。一方で、トヨタはこれまでの成功に基づく堅実な経営が評価されているものの、電動化へのシフトや新技術への投資が遅れているとみられている部分がありま す。特に、電気自動車市場での出遅れが、投資家の不安を招き、時価総額での大きな差となって現れています。これまでの強みであったハイブリッド技術やガソリン車の生産は、未来の市場においては評価が相対的に低くなりつつあるのです。

この状況を放置していては、日本の自動車産業全体が世界の変革に取り残されてしまう危険性があります。

トヨタのような日本を代表する大企業でさえ、革新をつづけなければ、未来の市場での地位を失いかねないという現実が目の前にあるのです。今こそ、日本の企業が持つ技術力をフルに生かし、未来に向けた大胆な変革を行う時です。このままでは、販売台数で圧倒的な優位を持ちながらも、将来的な成長を見込まれている企業に市場の主導権を奪われてしまう危機に直面しているのです。この状況は、私たちにとって単なる一企業の問題ではなく、日本全体の技術革新力と未来に対する挑戦が試されていることを意味しています。

危機感を持って、今何をすべきかを真剣に考え、行動を起こさなければ、私たちの未来は厳しいものとなってしまうでしょう。

つまり、TESLAが時価総額でトヨタの倍以上の評価を受けている背景には、AIを使った自動運転などのイノベーションの部分での評価が圧倒的に大きいのです。日本でAI自動運転技術は進んでおりますが、TESLAなどはAI自動運転を使って運転手がいないAIロボタクシーなどを路上で走らせるという計画を進めており、すでに路上を無人のタクシーが走ることは実現されているのです。

AIを駆使したロボタクシー（自動運転タクシー）は今までのタクシーの概念を覆すイノベーションを秘めているのです。

ロボタクシーは、中国やアメリカで既に実用化が進んでおり、都市部での運行が拡大しています。

中国では、Baiduがロボタクシーサービス「Apollo Go」を展開しており、特に武漢や北京などの主要都市で広範囲にサービスが提供されています。2024年には、武漢で完全自動運転モードのロボタクシーの1台あたりの乗客数が従来のタクシーに匹敵する利用率になっているのです。

Baiduは現在、中国全土で400台以上の自動運転車両を運行しており、これまでに500万件以上の乗車を提供しています。

アメリカでは、Waymo（Googleの親会社であるAlphabetの一部門）やCruise（GM傘下）、ZOOX（Amazon傘下）が主要なロボタクシーサービスを提供しています。

特にアリゾナ州フェニックスやカリフォルニア州サンフランシスコでの運行が進んでおり、一部地域では完全無人のロボタクシーが走行しています。これにより、都市部での新たな交通手段として注目を集めています。

実際のロボタクシーの運行風景は、各社の発信媒体から確認することができます。例えば、Baidu の Apollo Go の運行の様子や Waymo の実際の走行風景は、各社のウェブサイトや YouTube チャンネルで視聴可能です。

これらの技術はまだ発展途上ですが、都市部での移動手段としてロボタクシーは急速に普及しており、今後もさらなる展開が期待されています。

ロボタクシーが「イノベーション」として注目される理由は、次のようなメリットを中心にまとめることができます。

ロボタクシーは、自動運転技術を活用しているため、人間の運転者によるミスや不注意による事故を大幅に減少させることが期待されており、安全性については人よりも安全であるデータがあります。

AIがリアルタイムで膨大なデータを処理し、最適な運転判断を行うことで、交通事故のリスクを軽減します。人間が起こす事故の大半は不注意によるものですが、ロボットが運転するのでそういった不注意はありません。日本では75歳以上の高齢ドライバーが事故を起こすケースがTVなどのニュースで報道されています。

高齢になると注意力が散漫になり反応速度が落ちてしまいます。つまり事故を起こす確率は必然的に高くなるのです。

AIロボタクシーと高齢ドライバーでどちらが事故を起こす確率が高いのか？

比較するまでもないレベルでAIロボタクシーの方が低いのです。

高齢者も免許返納をしたくても地方に住んでいると移動手段がないので、免許返納はできないといって大きな事故を起こしているケースもでているのです。日本でもAI技術搭載のロボタクシーに期待が集まっています。高齢化に突入した日本では高齢ドライバーの数が急増していきます。加齢とともに反応速度が低下するだけでなく、日本では認知症を抱えた高齢者が運転中に事故を起こす確率も年々増加しているのです。

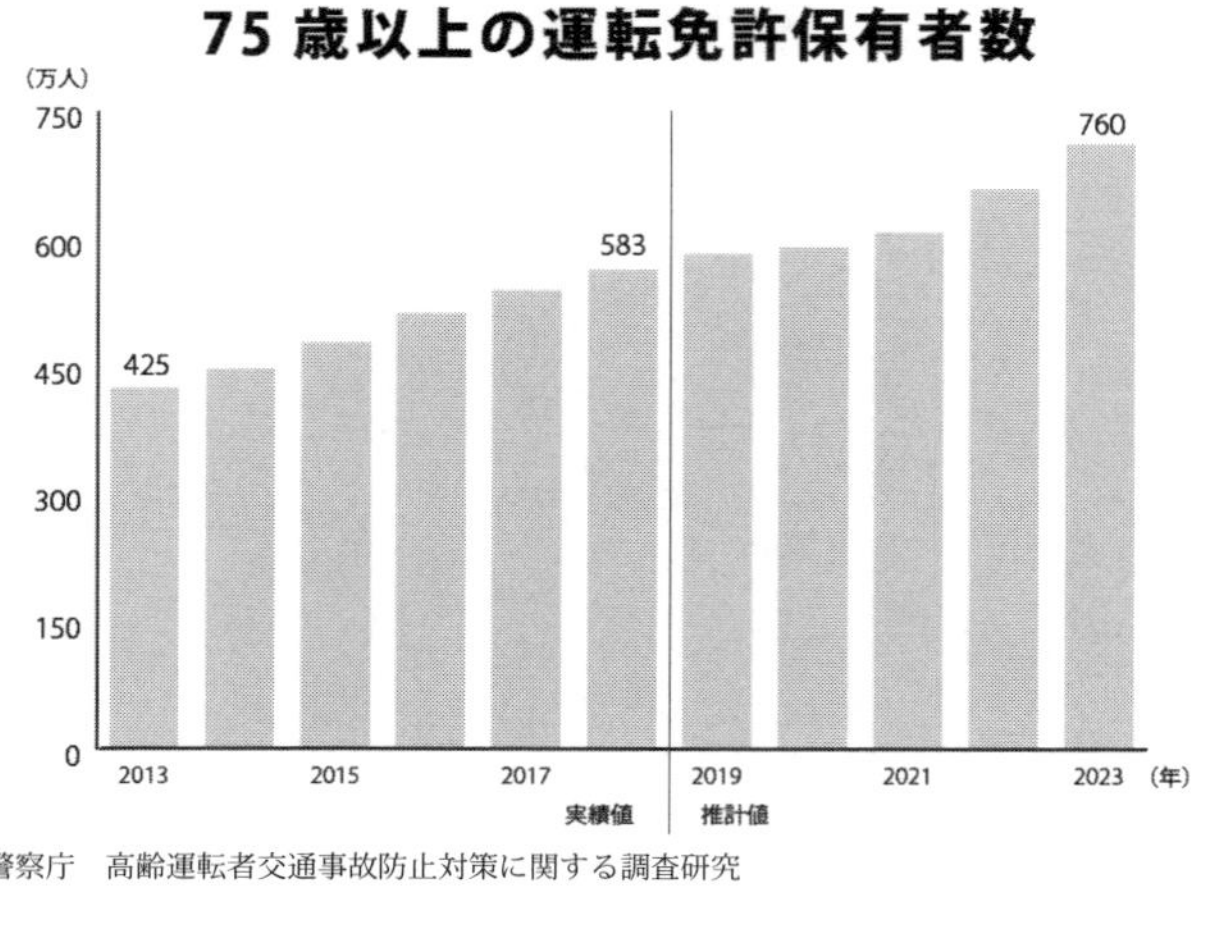

出典：警察庁　高齢運転者交通事故防止対策に関する調査研究

アクセルとブレーキを間違えたという高齢者の事故には認知症が原因と言われている事例もあります。しかしながら、車がないと生活できない地域では、認知症か認知症の疑いがあるドライバーが街中を走行するケースが急激に増えているのです。

高齢化社会で認知症が右肩あがりに増えるのはグラフの通りですが、地方では免許返納は行われません。つまり認知症の方がハンドルを握って路上で走る確率が急激にあがるという怖い未来がやってくるのです。

世界で実装されているAIロボタクシーでは人間が運転するよりも圧倒的に事故を防げるということが報告されているのです。

もちろんAIロボタクシーも事故が０ということはな

日本における認知症者の将来推計

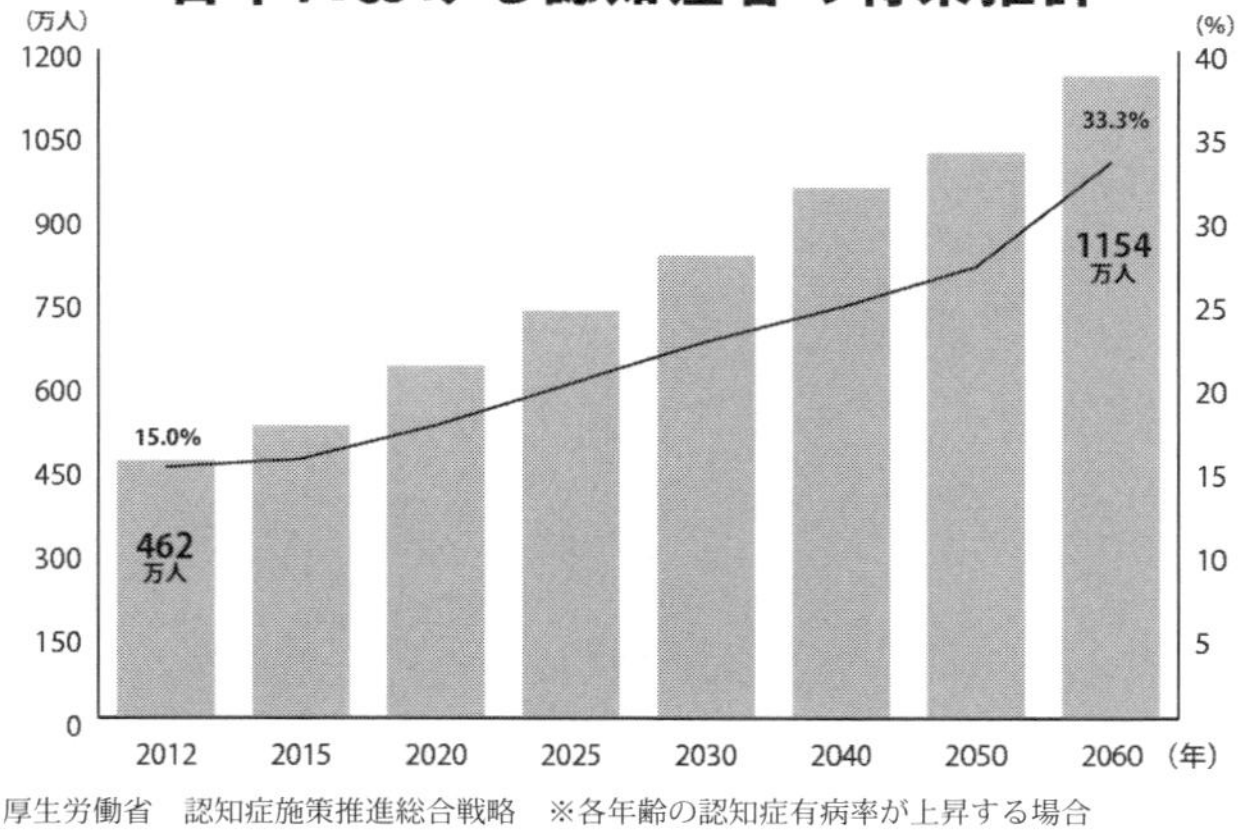

出典：厚生労働省　認知症施策推進総合戦略　※各年齢の認知症有病率が上昇する場合

く多少発生するでしょう。ですが、事故のデータが集まることで、安全性はどんどん向上していくのです。人工知能を使った技術のいいところは、どんどん賢く安全になっていくということで、衰えるということはないというところなのです。

AIを搭載したロボタクシーは現在も安全面が日々向上しています。

そしてさらにコスト削減で格安で利用できるようになる時代がやってくると予想されているのです。

AIロボタクシーは、運転者が不要であるため、運行コストを削減できます。

これにより、タクシーサービスの利用料金が下がり、より多くの人が手軽に利用できるようになる可能性があります。また、車両の効率的な運用が可能となります。

そしてメンテナンスや運行管理のコストも抑えることができます。ロボタクシーは24時間365日稼働することが可能となるため、人々の生活を大きく変える可能性があります。

さらに現在問題になっている交通渋滞の緩和に大きく寄与することができます。自動運転技術を活用することで、交通流（道路上を走る多数の車両を流れとして捉えた概念）の最適化が可能となり、交通渋滞の緩和に寄与します。

AIロボタクシーは、AIがリアルタイムで交通状況を分析し、最適なルートを選択するため、効率的な走行が実現します。

さらに環境への貢献も可能、多くのロボタクシーは電動車両を採用しており、二酸化炭素排出量の削減に貢献しています。さらに、効率的な運行によって燃料消費が最小限に抑えられ、環境への負荷が軽減されます。

そして一番は利便性の向上になります。24時間365日、無人での運行が可能なため、都市部や地方でも柔軟な移動手段として利用できます。特に、公共交通機関が少ない地域や高齢者、障害者の移動支援において、ロボタクシーは大きな利便性を提供してくれるのです。

地方で公共バスがないために都市部へ移住してきてしまう問題も解決してくれるのではないかと期待されています。

AIロボタクシーは新たなビジネスモデルの創出となり、単なる移動手段にとどまらず、社会貢献にも寄与します。例えば、車内での広告配信やサービス提供、データ収集によるマーケティング活動など、さまざまなビジネスチャンスが生まれます。日本で期待されているのは交通弱者の支援の部分です。高齢者や身体障害者など、従来のタクシーや公共交通機関を利用するのが困難な人々にとって、AIロボタクシーは安全でアクセスしやすい移動手段を提供します。

AIロボタクシーは、これらのメリットを通じて交通分野のイノベーションを推進し、未来の都市交通の在り方を大きく変える可能性があるのです。

日本は高齢者が増えることで、地方バスや路線が続々と利用者減でサービスを終了するということが起きています。利用者が減れば赤字になり、さらにドライバーが確保できなければ、時刻表を維持できなくなります、民間企業では収支が合わなくなって廃線となってしまうのです。これが地方衰退をさらに加速させる一員となっております。ですが、地方にロボタクシーが配置されて、自由に移動が格安でできる時代が来れば、利便性を理由に地方から都市部に行っていた若者の流出も止めることができ、過疎化の解消にも大きな役割を担うと言われています。

AIというのはロボットや機械と組み合わせることでその利便性を飛躍的に大きくするのです。このように**AIと機械やサービスを組み合わせることでイノベーションを興せる時代になっているのです。**

ここまで読んできてAIはイノベーションを興こせるすごい技術だとわかってもらえたと思います。これからAIは間違いなく今よりも進化をすると言われています。

ところでAIはどのような仕組みで動いているのか知っていますか？

実はAIは半導体で動いているのです。AIは、クラウド上にある膨大なデータを学習して処理し、コンピューター上で動作します。その「頭脳」となるのが半導体です。わかりやすくいうならAIは、半導体を使って大量のデータを処理し、学習し、判断を下すシステムのことなのです。

半導体はAIの計算能力を支える中核の部分であり、AIが複雑なタスクをこなすために欠かせない技術とされているのです。じゃあこのAI向けの半導体企業ってこれからめちゃくちゃ需要があるよねってなりますよね。

実はその企業がNVIDIAという企業なのです。

AIのための半導体を製造するNVIDIAの時価総額は世界一

AI分野に興味がなくても名前だけはニュースで聞いたことがあるという人もいるのではないでしょうか?

NVIDIAは時価総額が世界一になった企業として一躍有名になりました。

2024年6月、NVIDIAの時価総額が、アップル、Microsoftを抜き世界1位になったというニュースが世界を駆け巡りました。その時の時価総額は3.3兆ドル、日本円では527兆円に相当します。ちなみに日本国全体のGDPは590兆円です。

一企業の時価総額が日本国全体に匹敵する驚愕の評価をされているのです。

なぜ半導体メーカーであるNVIDIAが世界一の時価総額を獲得するに至ったのでしょうか。実は、ここにこれから飛躍的に成長が見込まれるというAIの将来性が大きくかかわっているのです。

ここで、NVIDIAという会社について少し詳しく紹介したいと思います。

NVIDIAは、アメリカの半導体メーカーで、AI用の半導体の開発・販売を手掛けています。AIを開発するためには、たくさんの計算処理が必要とされ、この計算を効率よく行うために、

NVIDIAの特別な計算装置（GPU）が使われているのです。

これからの成長性への期待を背にしたAIブームもあり一気にシェアを伸ばしたのです。

この装置は、もともと画像やビデオを速く処理するためにつくられたものでした、コンピューターにはCPUと呼ばれる計算する頭脳があります。とっても賢い装置なのですが、一度に計算できる計算数に限りがあるのです。一方NVIDIAの特別な計算装置では一度にたくさんの計算を同時にすることができるのです。

これがAIをつくるときに最適であり、大量の計算を同時にしかも高速で行うことができるとされているのです。**AIブームもあり一気にグローバルシェアを獲得し、１社で日本国のGDPに匹敵する企業価値を持つようになったのです。**

補足するとNVIDIAは、２００６年にCUDA（Compute Unified Device Architecture）を導入し、GPUを誰でも利用できるよう汎用化したのです。これがAI研究において非常に重要な基盤技術となったのです。CUDAを簡単に説明すると、コンピューターの特別な部品であるGPUを使って、たくさんの計算を効率よく行うための技術のことです。プログラマーがGPUを使って計算を行うための特別なプログラムを書くことができるツールやライブラリを提供しているのです。これにより、開発者は複雑な計算を簡単に実行することを可能にしているのです。

NVIDIAがAI研究で本格的にリーダーとして扱われるようになったのは2012年のことで、つい10年ほど前なのです。

2012年にカナダのトロント大学の研究チームが、NVIDIAのGPUを使って国際的なコンペティション（技術を競う大会）で圧倒的な成績を収めたことがきっかけとなりました。つまり2012年以降にNVIDIAがAI分野におけるリーダー的な地位を確立することとなったのです。2012年から本格的にAI開発に使われるようになって、**まだ10年ちょっとしか経っていないのに、時価総額が500兆円というメガ企業**になっているのは驚きしかないですね。

たった10年で日本全体のGDPに匹敵する時価総額を誇るメガ企業になったのです。いかにAI技術がイノベーションを興こせる事業だと評価されているのかがわかってもらえると思います。

AIの分野で出遅れた日本は何をするべきなのか？

NVIDIAはAI向けの半導体利用がきっかけで大きく躍進しました。AIと聞くと、「ChatGPT」を思い浮かべる読者の方が多いと思います。「ChatGPT」を開発したのはOpenAIというアメリカの組織です。非営利法人として設立されたOpenAIですが、Microsoftから２０１９年に10億ドルの投資を受けたのを皮切りに、巨大な資金調達を受けました。今やその売上高は、５０００億円相当に到達したとも言われています。たった数年で５０００億円の売上となったのも脅威ですが、一番注目するべきはその性能の進化についてです。

実際に触ってみたという方も多いのではないでしょうか？

皆さんは、AIをどのように使っていますか？

質問をすると適切な回答が返ってくるので便利で使っていると考えている人が多いのではないでしょうか？

ただ、AIの進化って便利だねとかそういった次元の話ではありません。AIの進化はものすごく速く今までの考えを一気に変えてしまう可能性を秘めている事業であるということなのです。なぜ大手企業がAIに投資をしているかというとAIが無限の可能性を秘めているからであり、その進化の速度は想像を超えるものなのです。

２０２４年、ソフトバンクの代表の孫正義氏は株主総会で「AI革命」について語っており、現在もAI技術が進化をつづけており、近い将来には人間の知能を超える「超知性AI」が登場すると予測しました。

この超知性AIは、自己学習と自己進化をつづけることで、人類がこれまで解決できなかった多くの問題を解決することができるとされています。

そしてより豊かで幸せな社会を実現する助けになると予想されているのです。

孫正義氏は、AIの進化はとどまることを知らず、10年以内に人類の1万倍の知的レベルを持つ人工超知能（ASI）の時代が到来すると述べました。人類の1万倍の知能レベルの時代は大げさなことではありません。現在進行形でAIはさまざまデータを蓄積して賢くなっているのです。AIの発展により、医療、法学、物理学、歴史など多岐にわたる分野で人類の能力をはるかに超える成果をもたらすと考えています。

ここで出てきた人工超知能（ASI）という言葉をご存じだったでしょうか？

人工超知能（ASI：Artificial Super Intelligence）は、AI技術の進化の中で最も高度な形態とされています。

ASIは、人間の知的能力をはるかに超える知的レベルを持ち、人類がこれまで解決できなかった多くの問題を解決できると期待されています。

ASIについてかみ砕いて説明します。

ASIの知能レベルについては人間の知能をはるかに超える能力を持ち、問題解決、学習、意思決定などの全ての面で人類を凌駕すると言われています。そして単なる知識の集積だけでなく、創造力や洞察力においても卓越すると考えられています。今までと大きく違う点はAIがただ決められた作業をするだけでなく、どんどん自分から学習をして進化と改善を繰り返していくことができるところなのです。

つまり自ら学習し、自己改善する能力を持つとされています。

これは、現在のAIが提供する自動化や効率化をさらに超え、AI自身が新しい知識やスキルを獲得し、進化しつづけることを意味しています。進化をつづける人工知能は、医療、環境問題、宇宙探索、経済予測など、さまざまな分野での応用が期待されています。

これにより、社会全体がより効率的で持続可能なものになると考えられています。実現に向けた課題としては現在のAI技術を大幅に超える計算能力が必要です。さらに高度な半導体チップや大規模なデータセンターの構築が不可欠となります。

そしてデータ処理能力と学習アルゴリズムの大幅な向上が求められるのです。AIを進化させるためには、その頭脳の核となる半導体チップが必要であり、大規模なデータセンターも必要となります。半導体チップとデータセンターは準備が着実に進んでおり、AI性能が二次曲線状に伸びるのは確実な未来だと言われているのです。

つまり、これまで述べてきたように**AIは日本の社会課題を解決してくれるとされており、これから必ず伸びていく市場**なのです。

AIの進化の速度が速く、人類の1万倍の知能を持つときいてもピンとこない人も多いと思います。なぜそ

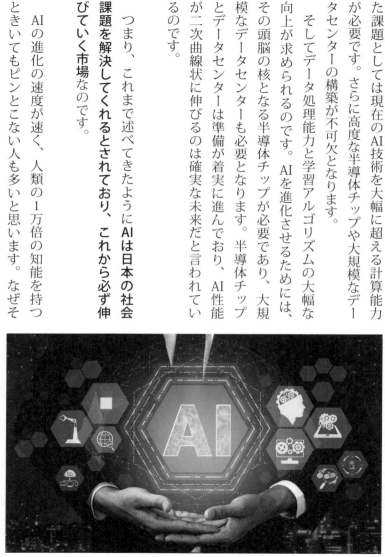

のようなことが可能なのか、わかりやすく解説していきたいと思います。

まずはAIの仕組みをわかりやすく解説します。

今人類の叡智と言われる知識データはインターネット上に存在するデータやアプリケーションを保存・管理する場所であるクラウド上にあります。そしてクラウド上のデータはビッグデータとなり日々増えているのです。AIは物理的な制限なくこの膨大なデータにアクセスすることができるとされています。

AIは、インターネットや企業のシステムから、日々膨大なデータを収集し、同時に複数の処理をすることができるのです。

つまりAIはリアルタイムで膨大なデータを処理し、即座に意思決定ができる。既に例としてあげたAIによる自動運転車は、道路の状況や他の車の動きを瞬時に分析し、最適な運転操作を決定するなどが可能というわけです。AIが収集したデータや結果は、再びフィードバックされるため、どんどん進化と改善をするということなのです。クラウド上にある膨大なデータを処理・分析し、自らを最適化することで、ますます「賢く」なるという仕組みです。

このAIの膨大なデータを瞬時に最適化することができる仕組みはさまざまな分野で活用が広がっています。クラウドのデータは世界中から集まるので、そりゃ、人間を軽々と超えてしまうというのも納得です。こういったAIを使った知恵を利用することで私たちの日常生活やビジネスの効率が飛躍的に向上すると言われているのです。

AIを実際の人間の脳とイメージするとわかりやすいかもしれません。AIと人間の大きな違い、それは人間は記憶しつづけることはできず時間が経つと忘れてしまうということです。一方AIはどれだけ膨大なデータであっても忘れることはありません。さらに時間の経過と共に二次曲線状に賢くなっていくのです。

さらに人間は1人に対して1つの脳ですが、AIに関しては複数の脳があるようなイメージで同時に複数の処理や分析ができるようになっているのです。また人

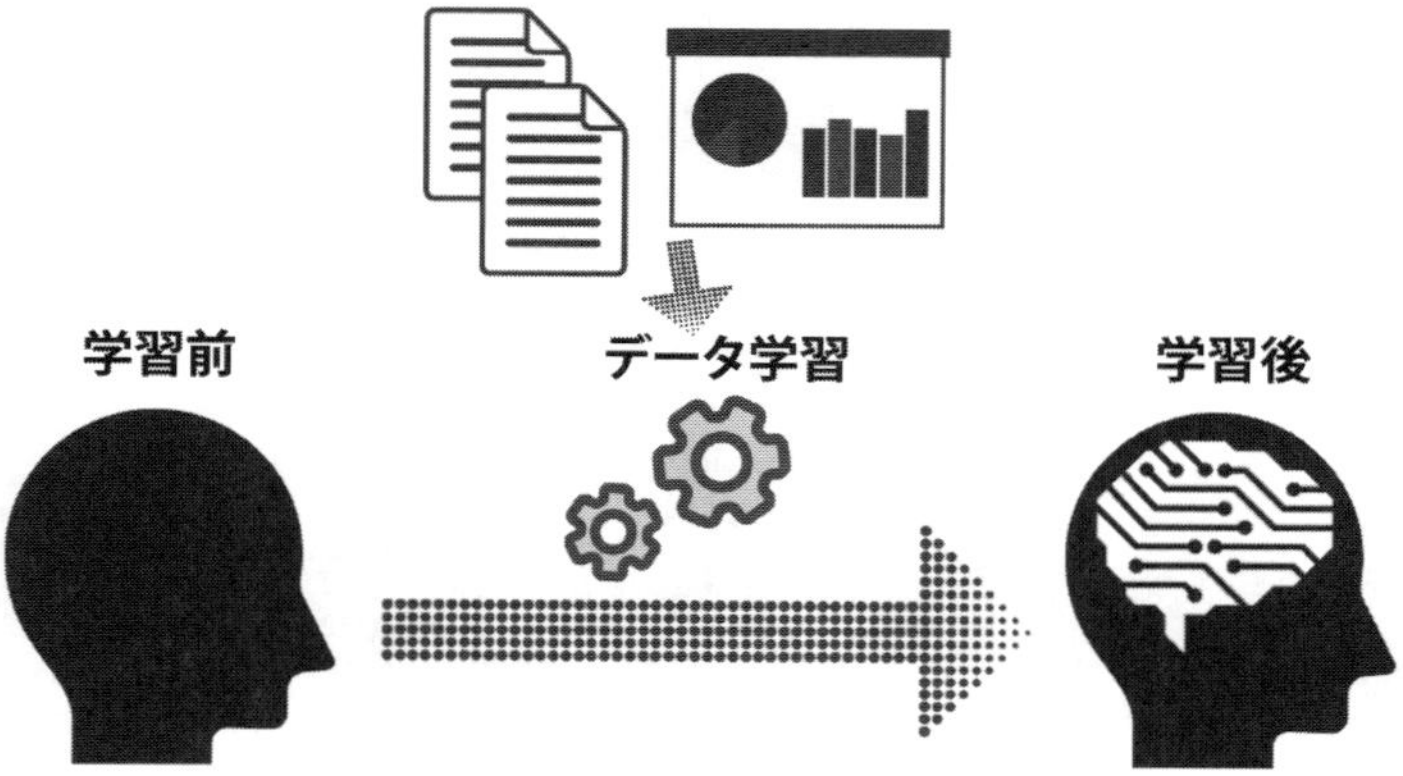

間は通常1つの国の文化風習などの経験に基づく学習がベースになっています。しかしAIはクラウド上の膨大な国（世界180カ国以上）のデータを参照することができます。

世界各国で最新の研究や論文が発表されています。人間がこれを母国語以外の言語で全て正しく理解することは不可能です。しかしAIは常に最新の論文を一瞬で知識としてインプットできるのです。ここまで聞くともう人間の脳ではAIに絶対に勝てないとなんとなくわかったと思います。

そうなんです。

知識量では、もう人間の頭脳ではAIに勝つことは不可能な時代になっているのです。

今AIの頭脳で司法試験を合格することができます。さらには医学部の試験もAIは軽々とパスしてしまうという進化をとげているのです。世界のチェスチャンピオンもAIに勝つことができなくなってしまっています。そして将棋に関してもAIにプロの棋士は勝つことができないのです。人間の脳については年齢によるピークがあり、年齢の経過とともに下がっていきます。ただAIに関しては時間の経過と共に能力はあがっていくのです。

しかも二次曲線のように能力が飛躍的に伸びていくのです。

情報量が増えていくので能力が下がるということが起こらないのです。

さらに世界中では人間によるさまざまな論文や研究が行われていますが、AIは常にこういった新しい知識をインプットすることができるのです。それをベースにさらに飛躍的に進化をするという、まさに頭脳の最高峰という状態になっているのです。

すでに人間よりも賢くなっているAIが、これからさらに賢くなっていくのです。**人工知能なので情報量は日々ブラッシュアップされ、処理能力があがって、どんどん膨大な業務をこなすことができるようになるのです。**

ただAIって万能なわけではありません。

実はここが非常に重要なポイントになります。

わかりやすくいうなら、AIはめちゃくちゃ賢い脳と

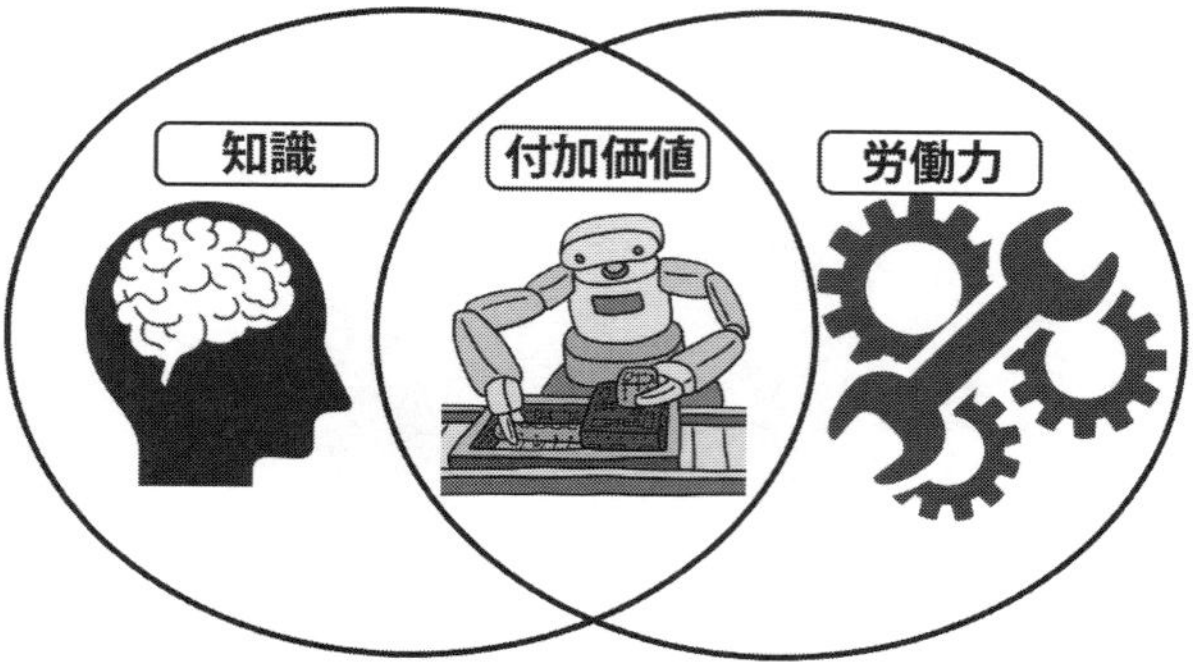

能力を持っているというのをイメージしてもらえればと思います。

しかし、いくら賢い脳を持っていてもそれを生かして動くモノなどと組み合わせをしなければ能力を最大化することはできないのです。イメージする例として、ものすごい知恵を持った優秀な人がいるとしましょう。しかしながら、ただ知識があるだけでは社会に何も売上（付加価値）を生み出しません。

実際に身体があって動くから付加価値を生み出して、売上という形で社会に付加価値を生み出すことができるのです。

つまりAIは機械やロボットといった動くものやサービスという形が組み合わさらないと大きな価値を生むことができないのです。

ロボットという強みから未来を描けない日本

なぜ世界最大の販売数を誇る自動車会社であるトヨタが新興のTESLAに時価総額で負けてしまっているのかは前述しました。すでにAIと自動車を組み合わせることで革命が起きるということが実現しようとしているからです。TESLAはAIに積極投資をして自動車にAI技術を組み合わせることで無人自動運転を目指しています。

つまり移動手段である自動車が無人で運転できるということで移動革命が起きようとしているのです。

AIを駆使することで自動運転を行い運転手がいなくても人を運ぶことができる時代が間もなくやってきます。日本にいるとまだイメージができないかもしれないですが、実際には海外では無人の自動車が走ったりしているのです。

これまでAIは人間の脳を超える処理をできることを例としてあげてきました。つまり人が行っていた作業などはAIを組み合わせることでイノベーションを興すことができる転換期にきています。

無人の自動運転ができる自動車というような形でAI

と機械を組み合わせることで、その価値は一気に高くなるのです。

TESLAの例ではAIと自動車の組み合わせでしたが、AIは家電やロボットといったあらゆる機械などと組み合わせることでその価値を高めることができます。イメージしやすいところでいうと、**エアコンもAIで人がいるところだけを涼しくすることができたり、冷蔵庫にAIを使うことで食べ物を認識して最適な温度で冷やしたりということが、すでに実用化されている**のです。

AIとロボットが組み合わさることで、私たちの暮らしは今よりももっと楽しく、便利になるとされており、ワクワクする未来を描くことができます。今まで人がやっていた作業をAI×ロボットで変わる実例についていくつか紹介します。

例えばパーソナルアシスタントロボットはすでに実用化されています。

なんでも相談できる友達のように、悩み事や嬉しいことを共有したり、一緒にゲームをしたり、まるで親友のようにいつもそばにいてくれたりします。さらに好みや習慣を学習し、最適な提案をしてくれるので、より快適な生活を送ることができるのです。

これにより、１人でいるという孤独感をやわらげることができると期待されており、自殺やうつ病などの精神病の増加を抑えてくれることが期待されています。

またAIロボットが健康状態をチェックし、運動や食事のアドバイスをしてくれるので、健康維持にも貢献してくれます。

AIを使った教育ロボットもすでに実用化されており、マンツーマン指導だけではなくAIがあなたのレベルに合わせて、苦手なところを重点的に教えてくれます。

どこができていないのか繰り返し教えてくれるので学力向上が期待できるだけでなく、言語学習からプログラミングまで、幅広い分野の学習をサポートしてくれます。塾では教えてくれないようなことも教えてもらうことが可能となっています。

さらに娯楽のサポートもしてくれ、オリジナルストーリーであなたの好きなキャラクターや世界観での映画やドラマをつくってくれたりします。

そしてロボットと一緒に仮想空間（バーチャル空間）で冒険を楽しんだり、スポーツを楽しんだり、AIが作曲したあなた好みの音楽を、ロボットが演奏してくれたりします。

他にもAIロボットが掃除、洗濯、料理など、家事を手伝ってくれるので、自由な時間が増えるといったことも期待されています。

そして、高齢者の生活をサポートするといったことも実用化されており、介護もAIロボットがしてくれることで、安心して暮らせる環境の提供が期待されています。

このようにAIとロボットが組み合わさることでさまざまなことが可能になるとされているのです。AIとロボットが活躍する未来は、とても魅力的ですが、同時にいくつかの課題も考えられます。

例えばAIロボットへの不適切な指示を与えることで、ロボットが人間に危害を加える可能性など、倫理的な問題を解決する必要があります。

他にも技術的な部分で各家庭に導入するとなるとカスタマイズが必要であり、AIの学習能力やロボットの動作性能をさらに向上させる必要があるということがあげられます。

AIは確実に進化するので、あとはロボット部分の性能が向上すれば、家事もしてくれて、音楽や映画のエンターテインメントも提供してくれて、さらに勉強のサポートや介護までしてくれるということが同時に実現できるのです。

勘のいい人なら気がついているかもしれませんね。

実はAIはロボットと組み合わせることで人間以上のパフォーマンスを出すことができるとされているのです。人間の脳にあたるAIはどんどん賢くなるので、あとはそれを実現できる胴体の部分（ロボット）があれば、最高のパフォーマンスを発揮してくれます。

脳は人間より優秀だとしても、それを実行するロボットがないと能力が最大化されないのです。

それができれば人がやるべき作業をロボットや機械がやってくれるということができる時代になるのです。そして、それが今、起きようとしています。

まとめるとAIは昔のようにプログラミングして決まった作業を単調に繰り返すだけでなく、考えて行動ができる脳を手に入れたのです。

これが今までと大きく違うところです。しかもAIは賢くなる一方で衰えることはありません。頭がよいだけでは、なんの意味もありません。

AIが考えたことを実現する胴体の部分である機械やロボットが必要で、それによって最大限の力を発揮するということなのです。

AI×ロボットが日本の直面する問題を解決してくれる

ここまで読んできた方なら気がついている人もいらっしゃるでしょう。

日本が今直面している問題で一番大きなものは出生率が伸び悩んでいることです。それにより少子高齢化が進み、財政を圧迫するのは確実です。さらに若者が増えずに老人だけが増えていくことも確実です。つまり負担が増えるのに、若者が増えないから収益が増えないという社会構造になっているということなのです。さらに若者が増えないという問題だけではなく、**働ける人も高齢化するという問題が起きるのです。**

高齢化すると若い頃と同じような生産性を上げることができないという問題もあります。人は歳を取れば、病気になるし体力も衰えます。

さらに地方では運転できなくなると移動手段も限られてしまうので、必然的に地方から都市部へ移動してしまうのです。それによって地方は過疎化していくのです。つまり衰退して財政破綻を迎える地方自治体が増えるという問題を抱えているのです。

まさに負の連鎖ですね。

これを止めるためには出生率を増やして、若者を増やす以外の方法はないのですが、**地方は若者が都市部へ移動をしてしまうのです。**

つまり出生率を一気に上げるなんて無理なのです。

若者が増えずに税収が伸びなければ公共サービスを維持することができません。路線バスや公共施設や道路などのメンテナンスには費用がかかるので、税収が激減してしまえば管理ができなくなり荒れ果ててしまいます。実際に人口も若者も減ってしまっている地域というのは全国で増えております。今、何も対策をしなければどんどん都市部に人が流れてきてしまい、財政破綻を迎えるというところがでてくるのです。

繰り返しになりますが、日本は大きく3つの社会問題を抱えています。

①少子高齢化とそれによる国家財政の悪化

日本は世界で最も高齢化が進んでいる国の1つです。これにより高齢化に伴う医療・社会保障負担、福祉費用の増大といった問題があり、経済成長の停滞などが生じています。さらに経済成長の停滞による税収の減少が重なり、赤字国債でやりくりをしているため国（日本政府）の借金が増加しています。これにより、将来の財政持続可能性に対する懸念が高まっています。

②経済停滞と雇用の不安定さ

長引くデフレと経済成長の低迷がつづき、若年層を中心に非正規雇用が増加しており、安定した職に就くことが難しくなっています。以前のような終身雇用は崩壊し、転職などを繰り返す時代になっています。さらに長期的には少子高齢化により、現役で働ける人口が年々減っていくことが予想されています。一部の業界では慢性的に人手不足が発生しています。さらに人口は減りつづけるので人手不足は解消しないと予想されています。

③地方の過疎化と中央集権

人口が都市部に集中する一方で、地方は過疎化が進み、地方経済の衰退や地域コミュニティの崩壊が進行しています。これが地域間格差の拡大を招いています。このまま過疎化が進むと47都道府県が維持できないとすら言われています。地方の廃墟やゴーストタウンの増加が予想されています。

これら全てを解決するのが**AI×ロボット**なのです。

ここまで何度も取り上げてきたのでわかってもらえると思います。人を増やすことは日本では難しいのです。特に作業をしてくれる人を増やすのは物理的に無理なのです。

仮に出生率が昔のベビーブームのような水準に戻ったとしても、その世代が成人して仕事をして税を納めてもらうためには、20年以上の時間が必要になるのです。

さらに人口が増えつづけるには出生率を2・07以上にする必要があり、高い出生率を継続して保つ必要があります。今の出生率が1.2ですので、倍近くにする必要があります。さらにその数値をずっと維持しなければなりませんが、これを実現するのがどれだけ非現実的なことかは、ここまで読まれた方ならわかってもらえるかと思います。

子供が成人するまでに必要なコストは3000万円なので3人であれば9000万円以上、4人いれば1億以上の出費となるのです。

サラリーマンの生涯年収が2億円で手取りが1.6億円なので、共働きでもかなりキツキツの生活になります。また日本は現在ですら託児所や保育園が不足している状況なのです。もし、一気に出生率が倍になったら待機児童がさらに発生するという問題が出てきます。つまり今まで通りの政策をつづけていただけでは、ここまでとりあげてきた問題がどんどん現実化していくという状態です。

じゃあどうしたらいいのか。

人口が減るのはほぼ確実で、出生率を劇的に増やすのは非現実的である状況は変えることはできません。解決策として考えられるのは、働いてくれる人が減るのは確実なので、その分考える知能を持ったAIロボットに作業をやってもらおうってことです。つまり人間とロボットが協業することでこれを解決しようってことなのです。

えっそんなことができるのか？

そう感じられた人も多いと思いますが、人口が増えない日本ではそれしか方法が残されていないのです。

現役世代（生産人口）が減っても売上を上げようしたら２つの方法しかありません。

①生産性・効率性をあげる
②人に代わる売上を上げてくれるロボットを使う

AIは名前の通り、人の代わりに考えてくれたり、業務効率化などをしてくれます。

なぜ、AIが日本の社会問題解決に期待されているのか？

日本の社会は、少子高齢化、労働力不足、地方の過疎化など、さまざまな課題を抱えています。しかもその問題はすでに現在進行形で起きているのです。AIは、これらの問題に対して、さまざまな形で貢献できると考えられているからです。

AIは、膨大なデータを解析し、最適な判断を下す能力に優れています。そしてすでに人間の脳を超えてい

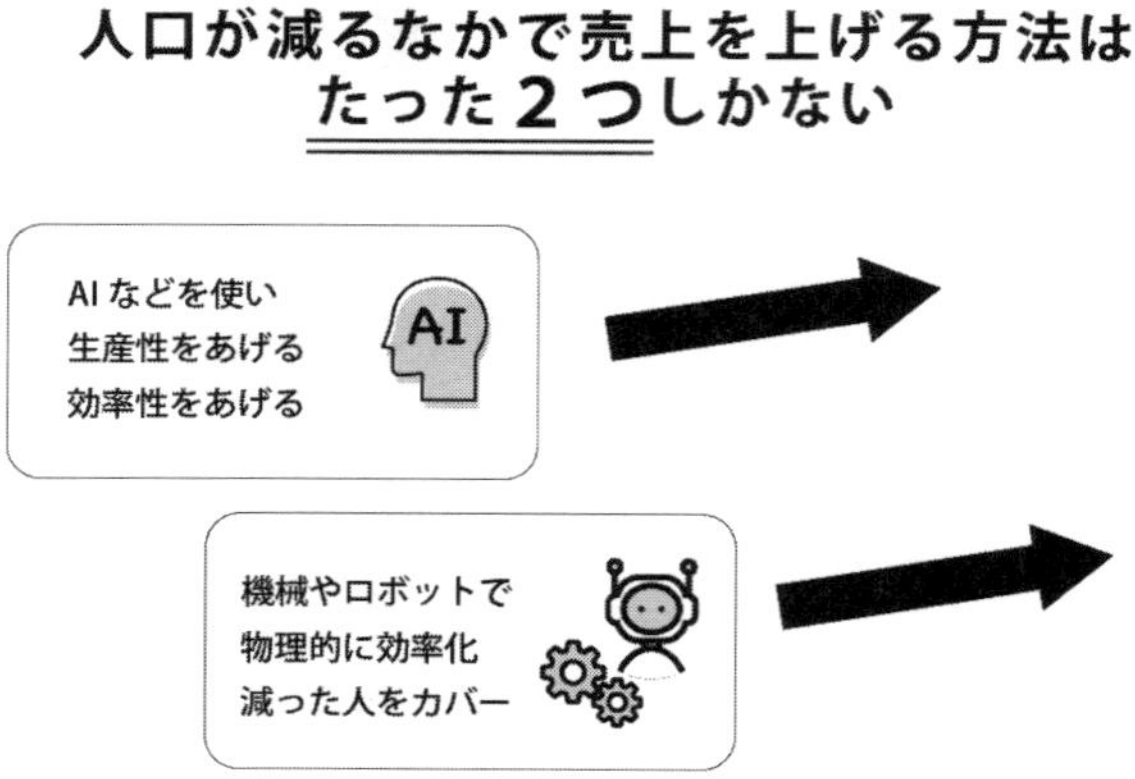
人口が減るなかで売上を上げる方法は
たった2つしかない
AIなどを使い
生産性をあげる
効率性をあげる
AI
機械やロボットで
物理的に効率化
減った人をカバー

ると言われているのです。AIはここ数年で人間の脳より数百倍から一万倍の能力まで進化するとされており、この能力を活用することで、**行政手続きの効率化、産業の生産性向上、物流の最適化などが可能となり、各分野で効率化**が図れます。

AIは、過去のデータから未来を予測する能力を持っています。勘や経験に頼らずに過去データを活用することで、災害の予測、需要予測、人口動態の予測など、さまざまな分野で事前に対策を打つことができるのです。さらにAIを活用することで、今までになかった新しいサービスの創出ができると考えられています。例えば、高齢者の見守りサービスや、パーソナライズされた教育サービスなどが考えられます。

今、日本では、老老介護（老人が老人を介護する状況）といったものが発生している時代になっているため、この分野でも大きな期待が寄せられていたりします。

またロボタクシーや無人自動運転などは高齢化社会に突入するなかで、すぐにでも必要なサービスだと言われています。地方ではタクシー不足や移動手段が限定されて車がないと生活できない地域も実際にあるのです。

ここでAIが解決できる可能性のある日本の社会問題の一例を示したいと思います。

少子高齢化

高齢者の介護を支援するロボットや、高齢者の孤独感を解消するコミュニケーションロボットの開発などが、社会問題を解決できるとされています。

労働力不足

ロボットによる生産ラインの自動化、サービス業における業務の効率化、人材不足が深刻な分野での人材マッチングなど、人がやる作業をAIが人よりも効率よく処理をしてくれる、こうしたロボットも存在しています。

地方の過疎化

AIロボットを使った農業の自動化によるスマート農業、遠隔医療、地域特産品の販売促進など、地方の活性化を支援するなどの活用方法も提案されています。

環境問題

環境データの分析による効率的な資源管理、再生可能エネルギーの効率的な利用。

教育格差

パーソナライズされた学習教材の提供、学習進度の分析に基づいた学習指導。

ただAIは使い方次第では倫理面やプライバシーなどの問題もあるため、これらの課題を克服し、AIのメリットを最大限に引き出すためには、政府、企業、そして国民が一体となって取り組む必要があります。

まとめると**AIは、日本の社会問題解決に大きな可能性を秘めているのです。**

冒頭にお伝えした通り、AIにより業務の効率化、そして人がやらなくていい作業の自動化やロボット化などはすでに技術的に可能になっているのです。そしてこれから一気に実用化されていくことが期待されています。

AIで能率化や効率化ができることについて書いてきましたが、つづいて今回の書籍のタイトルのもう1つであるロボットについて書いていきたいと思います。

ロボットは今、進化をつづけており、経費削減だけの役割ではなくなってきています。

あなたはロボットにどのようなイメージをもっていますか？

おそらくロボットと聞くと経費削減をイメージされる人が多いのではないでしょうか。日本ではコロナの間にレストランの配膳ロボットやセルフレジなどが一気に増えました。また工場などでロボットが組み立てや検品を自動で行っていたのをみたことがある人も多いということもあり、ロボットと聞くと人件費削減のイメージする人が多いと思います。

ですが、**今ロボットはAIと組み合わせることで売上をつくることができる時代になっているのです。**

今までロボットは決まったこと（事前にプログラミングされたこと）しかできませんでした。少し想定と違うことが起きるとエラーが起きてしまって止まるという、指示通りにしか動かないロボットが主流でした。

ただこれがAI×ロボットになってから全く変わりました。

自分で考えて動けるようになったのです。**エラーが起こったらそれを自分で解決することができるようになったのです。**常に同じ動きではなく、実際の人間のように、売上アップのために自分で動くことができるようになったのです。さらにAIなので、どんどん能力も効率もあがるのです。

当社は、現在日本で初の両手で動くAI搭載のバリスタ（ドリンク）カフェロボットを購入しました。これで何ができるかというと、ドリンクを提供できるのはもちろんのこと、バリスタがいれるようにロボットの両手が動きます。さらにお客様と話をしながらセールスもしてくれます。また、QRコードで注文を入れると、それに応じてロボットが動いて提供まで行ってくれます。ロボットはお客様と会話ができるというだけでなく、男女や年齢を認識して、会話の内容を変えたりすることもできます。

さらに今まで教育しなければできなかった接客スキルも自ら学習してくれるので、どんどん効率がよくなっていきます。ロボットなので24時間働くこともできます。

営業時間はずっと売上をつくってくれるのです。今、飲食店では人手不足が問題になっているところが多いのですが、ロボットなら休憩なしで文句言わずに働いてくれますし、風邪で休むこともありません。さらに有給を与える必要もなく、社会保険料の負担もありません。それだけでなく時給の計算が不要で、バイトや社員のように交通費の支給もいりません。お店にロボットを設定していれば通勤時間は0分です。スイッチをオンにすればいいだけです。教育コストもかかりませんし、時間の経過と共にセールス技術も向上します。

しかも離職することもなければ、採用コスト（求人広告に払う費用）も０になるのです。これでシフトに悩む必要もなくなります。

何時間でも休まずに働いてくれて、どんどん賢くなって効率は良くなるって状況です。**これは飲食業の救世主になりますし、代金の受け取りも全部QR決済なのでレジのお金の計算も不要で、さらに分析までしてくれるのです。**

今回、初号機として当社は購入しましたが、とにかく便利です。なんといってもロボットで接客からドリンクの注文、そして提供と決済まで全てやってくれるのです。しかも圧倒的に人間のアルバイトスタッフよりも効率良く、ミスなくドリンクを提供してくれるので最高です。

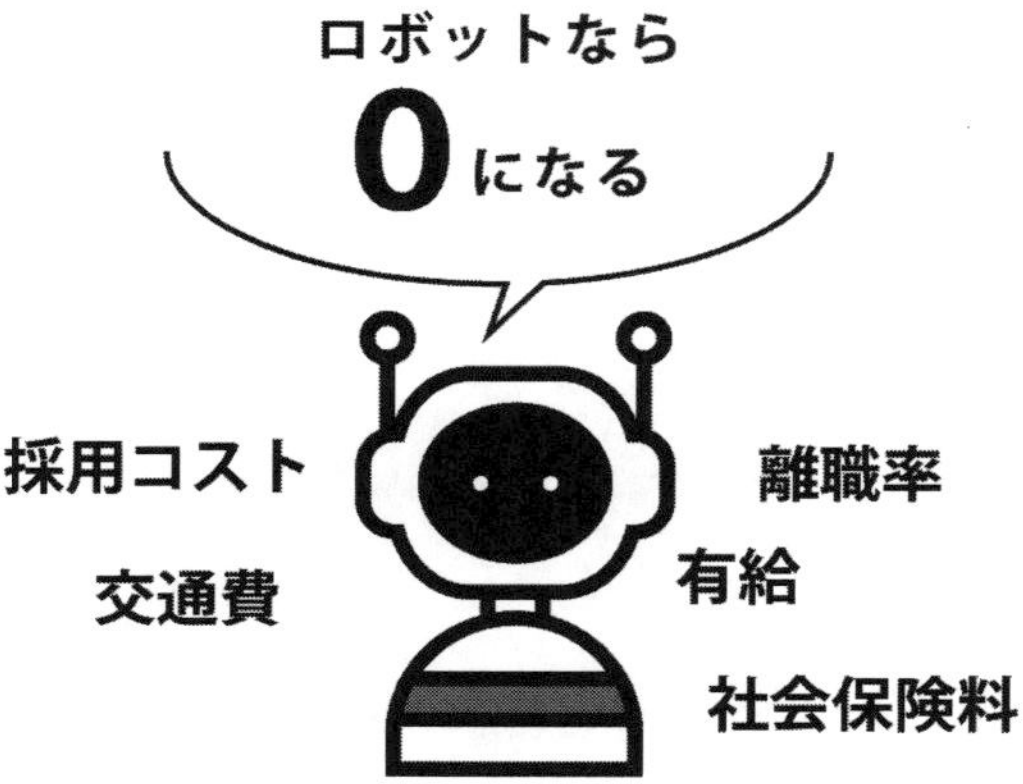

ロボットが接客から決済までやってくれることで、確実に売上をつくってくれるので費用対効果がいいのは言うまでもありません。

実は飲食店をはじめホテルなどのサービス業は今、採用できない、採用してもすぐ離職をしてしまう、教育コストがかかる。さらにスタッフが遅刻したり、体調不良でドタキャンされたりなど、複数のことで頭を悩まされています。シフトすらしっかり組めない状態なのです。**AI搭載のバリスタ（ドリンク）カフェロボットは、飲食店の未来を変えると思っています。**自動でロボットが的確にドリンクをつくって、決済まで済ませてくれる。それだけでなくロボットがドリンクをつくるというのは話題性があり、一種のお客様を呼んでくれるツールになるのです。

飲食店側は、AI搭載のバリスタ（ドリンク）カフェ

新卒と中途別の採用単価

新卒	93.6万円
中途	103.3万円

出典：株式会社リクルート　就職白書 2020

ロボットを導入することで、ドリンクをつくるスタッフのシフトに悩む必要がなく、24時間365日売上をつくってくれるのです。

飲食店だけでなくホテルなどでは24時間ドリンク提供をすることができるようになります。お客様の利便性だけでなく、しっかり売上をつくってくれるのです。

さらに良いことはそれだけではありません。

AI搭載のバリスタ（ドリンク）カフェロボットはお客様と会話ができるのです。観光地の飲食店やホテルでは外国人のお客様が多数といったところもあると思います。AI搭載のバリスタ（ドリンク）カフェロボットなら外国語を使ってサービスというのも可能なのです。

労働力不足だけでなく言葉の壁も越えることができ

2035年に向けたロボット産業の将来市場予測

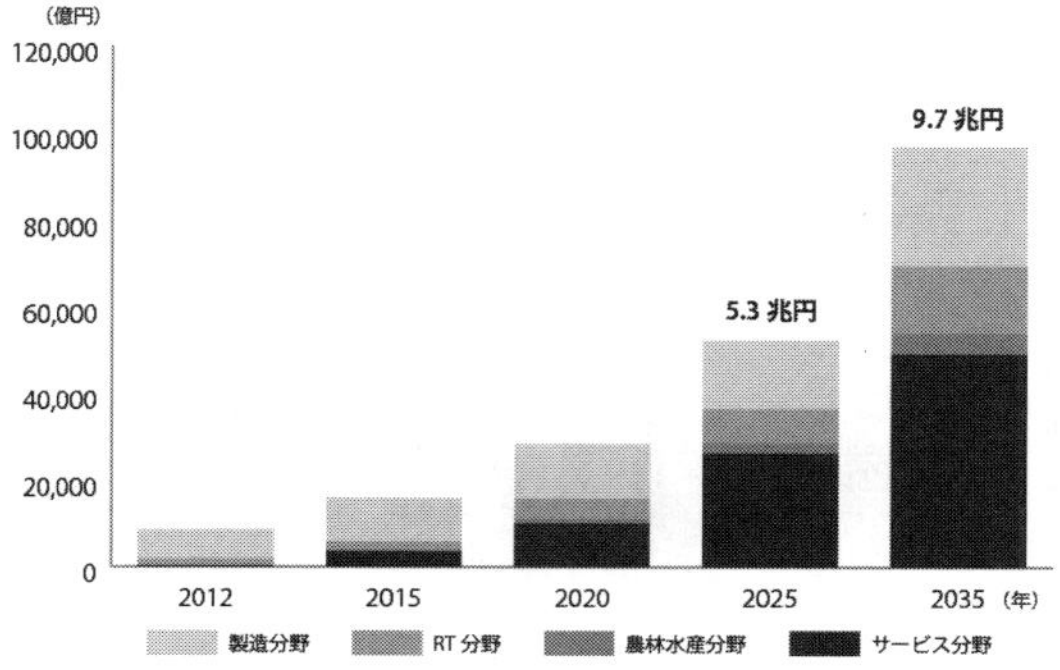

出典：経済産業省　ロボット産業市場動向調査結果

てしまうのです。

第1号を当社は購入したのですが、その完成度と緻密さは感動を覚えるレベルで設計されていました。こういったことができる背景には日本がロボットに関して世界トップシェアの地位を保持していることが関係しています。

産業用ロボットに目を向けると、日本はこの分野で世界のトップランナーです。１９９０年には全世界のロボット出荷台数に占める日本製ロボットの割合は88％を占めるに至っていたのです。

ロボットに関して、日本は得意分野であり、これにAIを組み合わせたものがこれから加速度的に伸びていくことが予想されています。

配膳・下げ膳ロボットの市場推移

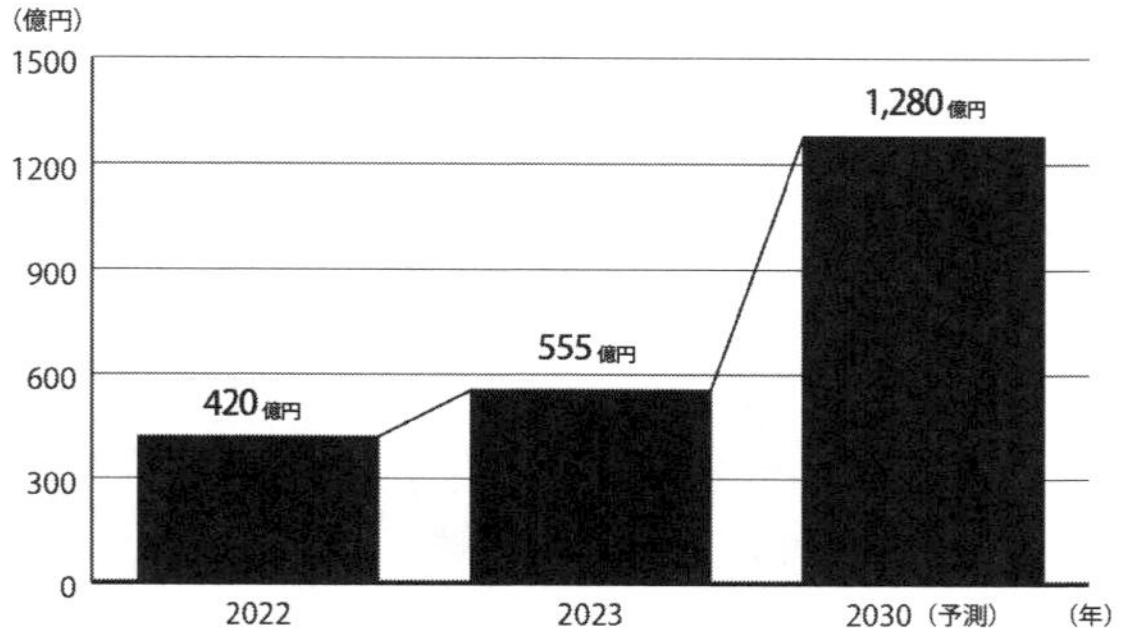

出典：富士経済 2024 年版 ワールドワイドロボット関連市場の現状と将来展望 サービスロボット編

デリバリーロボットの市場推移

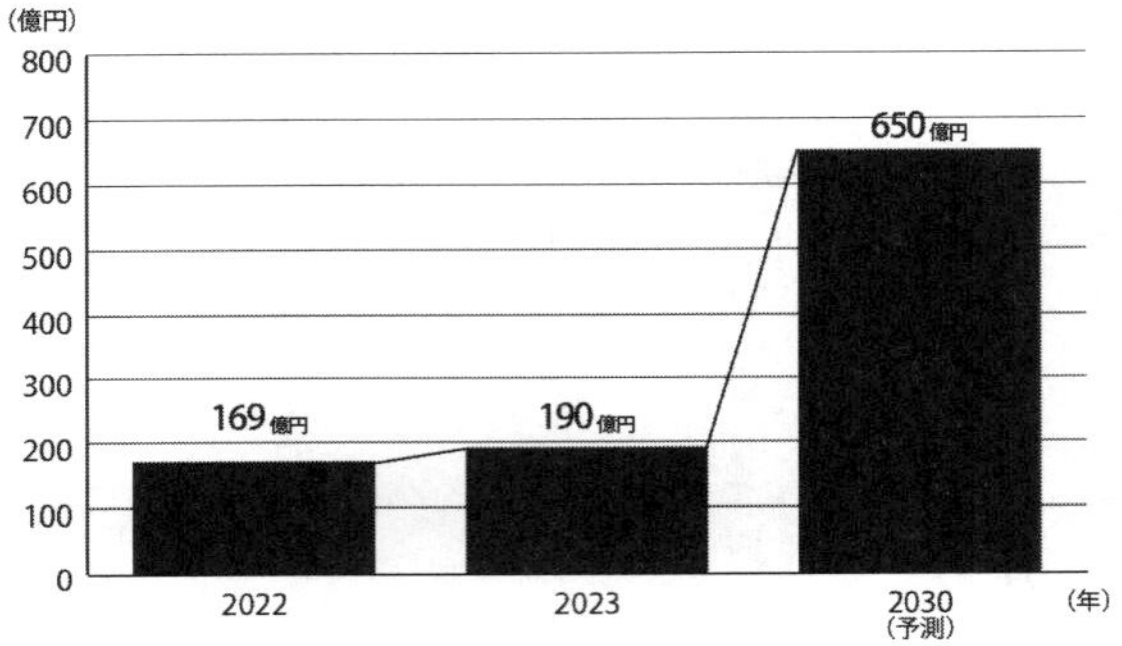

出典：富士経済 2024 年版 ワールドワイドロボット関連市場の現状と将来展望 サービスロボット編

業務用清掃ロボットの市場推移

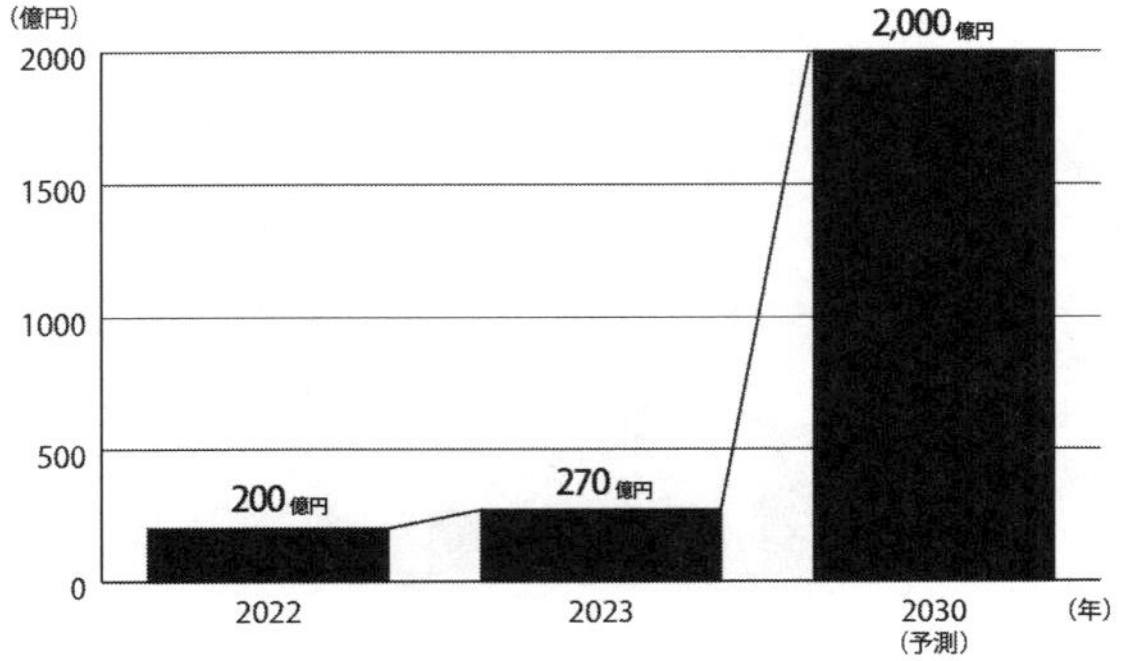

出典：富士経済 2024 年版 ワールドワイドロボット関連市場の現状と将来展望 サービスロボット編

産業ロボットだけでなく会話のできるAIロボットも人の代わりをしてくれるという時代が、もうそこまできているのです。

AIとロボットを組み合わせたものはこれから加速度的に求められるようになります。これが第4次産業革命です。

本書では具体的に、あらゆるモノがインターネットにつながるIoTの進展とそこから蓄積される大量なデータをもとにしたAIによる今までとは別次元の解析技術が浸透すると考えています。そして、そのAIを備えたAIロボットがこの革命の主役であると考えています。

AIロボットが社会問題を解決するカギをにぎっている

私たちは現在、まさに日本が世界に置いていかれるのか、もしくはふたたび復活して世界を引っ張っていく国になれるかどうかの分岐点に立っていると考えています。

世界2位まで上りつめた日本はもう過去のものなのでしょうか。

20世紀初頭まで世界のお手本とされていた、「メイド・イン・ジャパン」は歴史の一場面にとどまってしまうのでしょうか。

そんなことはないというのが私たちの意見です。

日本の得意分野であるロボットとAIを組み合わせることで、日本はまた復活できると考えています。

むしろポテンシャルは過去の高度経済成長をしのぐ可能性があるとすら思っています。

人口ボーナスに乗りイケイケドンドンで成長できた時代がありました。

それは、**当時の日本のビジネスパーソンの血のにじむような努力があってこそ実現されたのです。**

日本人はとても優秀で真面目であり、ものづくりをさせたら、いまだに世界一のクオリティーを誇っています。

一方で、日本は今、大きな問題に直面しており、このまま自然の成り行きにまかせていては、確実に終わってしまいます。

人口減少、過疎化、地方自治体の衰退は確実に来る未来なのです。

しかし逆にいえば「このままではダメである」。そう自覚することができれば私たちはとても強いのです。これからの私たちはこの健全な危機感をもって、成長することができるのです。最も恐ろしいのはなにも自覚せず、ゆでガエルになって気づかないうちに終わってしまうことなのです。

何もせずに挑戦をやめてしまうか、未来をみつめ前進を試みるか。

この選択で日本の数十年先が大きく変わるのです。

第２章以降ではAIとロボットがどんな風に社会問題を解決するのかについてお話ししたいと思います。

【まとめ】

○日本の社会は、少子高齢化、労働力不足、地方の過疎化など、さまざまな課題を抱えている。
○AIは日本の社会課題を解決し、これから必ず伸びていく市場。
○脳（AI）は人間より優秀。あとはそれを実行する身体（ロボット）があれば能力を最大化できる。そしてロボットは日本の得意分野である。
○AIとロボットを組み合わせることで売上をつくることができる時代になっている。
○第４次産業革命では、AIとロボットを組み合わせたものが加速度的に求められるようになる。

第2章

日本が復活するカギは、AIロボットであり、社会問題を解決できる

実際にどのようなことがAIとロボットでできるのか

当社は現在、決済から商品提供までできる日本初のバリスタ（ドリンク）カフェロボットを川崎重工とQbit Roboticsから購入して実際にお客様にサービスを提供しています。無人ロボットが安定した売上を確実につくってくれるというのは、経営者としてはものすごく助かりますし、精神的にかなり楽です。

人材採用ができないから売上が立たないと悩んでいる現場はとっても多いですし、人手不足の悩みから解放されたのは何といっても大きいです。

さらにすごいのはロボットが自分で考えて動けるようになったことです。お客様の顔もしっかり判断してセールスもして売上をつくってくれます。AIロボットですからお客様と会話をすることもできますし、売上をあげるための会話もどんどんブラッシュアップされていきますので、売上も右肩あがりで伸びるのです。AIロボットは現場で成長するため処理能力も効率もあがるのです。さらにロボットは特に子供が大好きです。

お店に導入すると、とにかく話題性があり、設置しているだけで集客ができてしまうのです。

外国人の方やロボット好きな方にも大人気で、さらにSNSでバズったり（拡散されたり）するため、集客にも最適なツールとなっています。ロボットが会話できるというだけでなく、男女や年齢を認識して、会話の内容を変えたりすることもできます。すごい時代になりましたね。さらに今まで教育しなければできなかった接客も自ら学習してくれるので、どんどん効率がよくなっていくのです。

これはめちゃくちゃ画期的なことで、サービス業の隠れたコストとなっていた教育コストもかからないのです。

さらにロボットなので24時間働くこともできます。

営業時間はずっと売上をつくり、シフトを守ってくれるスタッフとして常に現場で働いてくれるため、シフトについて悩むことが激減します。さらにロボットなら休憩なしで文句を言わずに働いてくれます。

飲食店やバーやホテルなどは空前絶後の人手不足となっていますが、ロボットがドリンクや決済までやってくれることで安定した人材を確保できることになります。

風邪で休むこともありません。さらに有給を与える必要もなく、社会保険料の負担もありません。それだけでなくタイムカードを押してもらい時給の計算をする必要もありませんし、バイトや社員のように交通費の支給も不要です。お店にロボットを設置していれば通勤時間は0分です。働いてもらいたい時にスイッチをオンにすればいいだけです。さらに教育コストもかからず、時間の経過と共にセールス技術も向上します。

しかも離職することもないのです。そしてロボットは導入した日から即戦力として働くため、採用コスト（求人広告に払う費用）も0になるのです。

これでバイトがいないと売上があがらないとか、バイトが風邪をひいたりしないかなどシフトに悩む必要もなくなります。

何時間でも休まずに働いてくれて、さらにどんどん賢くなって効率は良くなる。サービス業をしている人にとっては神のような存在になりうるのです。

つまりAIロボットは即戦力として飲食業やホテル業の救世主になります。代金の受け取りも全部QR決済なのでレジの計算も不要ですし、自動で分析までしてくれるのです。今回初号機として当社は購入しましたが、ドリンクの売上が欲しかったから購入したわけではありません。

私たちはAIロボットが当たり前の世界をつくりたいと思っています。日本の素晴らしい技術を世界へ広げたいという強い思いを持っています。

今、日本にはインバウンドで観光地にはとにかく外国人が多くきています。そこで問題になるのが言語です。**すごいのがAIロボットは多言語対応にもなっている点で、外国人対応（言語対応）も問題なくできてしまうのです。**

さらに外国人が日本に来た際に、日本には全自動のAIロボットがあるというのをみて「やっぱり日本の技術力は高い、自国でも日本のAIロボットを導入したい」と思ってもらうことなど、あらゆる方向でメリットがあります。外国人はSNSを使って情報配信をしてくれるので、バリスタカフェロボットをみるために来日したりします。AIロボットの情報が拡散されて日本の技術、製品のイメージアップになり、メリットしかありません。

繰り返しになりますが、ロボットなので休みは不要ですし、さらに多言語で対応をしてくれるのです。もし休まず働いてくれて多言語ができるスーパーマンのような人材をとったら、いくらかかるかを想像してみてください。

それをAIロボットなら一定の支払いで、売上をしっかりあげてくれるのです。

これって革命的なことだと思いませんか？

日本には全国各地に有名な観光地があります。

そこにバリスタカフェロボットが当たり前に設置され、休みなく働きお客様も喜んでくれる。

さらにそれによって日本の技術力が世界へ発信される。

素晴らしいことだと思いませんか？

もし飲食店や、人通りの多いエリアでお店をやっている方、インバウンドのお客様がたくさんくる場所で商売をしている人がいれば、ぜひバリスタカフェロボットをいれてみませんか？

バリスタカフェロボットについて興味がある、導入したいという方は気軽にご相談ください。

話題性だけでなくしっかり売上をつくってくれますよ。

飲食店は今採用できない、すぐ離職をしてしまう、教育コストがかかる、遅刻することもあり、シフトがしっかり組めないなど悩みがつきない状態なのです。

サービス業をされている方で、今人材不足に悩んでいない経営者はいないのではないかというくらい危機的な状況なのです。

AIロボットを導入することで、もう人材確保にもシフト調整にも悩む必要がなくなりますし、なんといっても求人広告に多大な費用を払いつづける必要がなくなります。さらに採用後の教育コストもかからない、交通費０、離職率０、有給も社会保険料も０で給与計算にかかっていた費用も０になります。AIロボットはドリンクだけでなく、ソフトクリームや商品紹介などの会話もできますので、使い方は無限に広がるのです。

想像してみてください。

AIロボットが話題になって集客できてしまい、接客から決済までしっかりやってくれる。いままでは考えられなかった近未来のサービス業はもうすでに実現しているのです。

https://az-ai-robot.com/contact/

AIロボットが食料問題を解決する

日本では農業や漁業が人手不足で、年々食料自給率が下がっていることが問題になっております。

ここでも出てきました、人手不足の問題です。

日本の食料自給率は2023年時点でカロリーベースで約38%となっており、主要先進国の中で最も低い水準なのです。

特に小麦や大豆、飼料作物などの輸入依存度が高くなっている現状があります。

食料自給率が低いと輸入への依存度が高くなり、世界的な食料不足や国際情勢の変化による供給リスクが高まることがたびたび日本でも問題になっております。

輸入食材の価格変動が国内の食料価格に影響を及ぼすなどのケースも増えています。実際に値上げが一斉に実施されるケースも増えているのです。これによって消費者の生活にも直接的な影響を及ぼす大きな問題となっています。

自給率低下の問題は、農業や漁業をやりたいという若者が減っていることが背景にあります。

冒頭で過疎化の問題を取り上げましたが、若者がみんな都市部へ行ってしまうということがすでに現在進行形で起きているからです。つまり、農業や漁業は地方で盛んに行われているが、特に若者が地方で減っているので、農業も漁業も加速度的な人手不足となっているということなのです。

特に若者がやりたがらない農業の分野に関しては人手不足だけでなく、後継者不足の問題にも直面しているのです。日本の農業従事者の平均年齢は年々上昇しており、60歳以上の農業従事者が全体の60％以上を占めています。

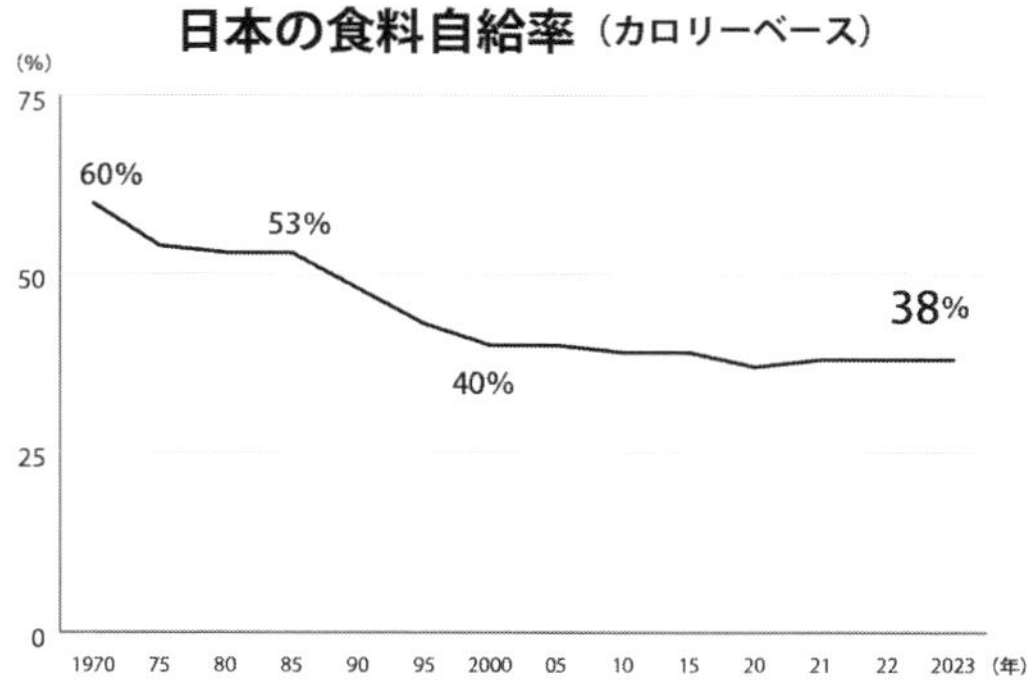

出典：農林水産省　総合食料自給率（カロリー・生産額）、品目別自給率等

この高齢化に伴い、引退する農業従事者が増加しています。**後継者がいないことで農地が放棄され、荒廃するケースが増加**しています。**実際に年々農地として利用されている土地が減少**をつづけています。

これにより、農地の保全や地域の生態系にも悪影響を及ぼすことが予想されています。さらに**農業が主要産業である地域では、農業の衰退が地域経済の縮小に直結しています。**

若年層の人口減少や都市部への人口流出が進んでおり、農村地域での若い労働力が圧倒的に不足しています。**長時間労働や不安定な収入など、農業の労働条件が魅力に欠けるとされ、若者が農業を職業として選ぶことが減っている事実があります。**

農業には経験が必要なうえ、天候などによって収穫量が増減してしまいます。収穫量が下がると収入が変化するといった不安定な部分が多いとされているため、農業を職業として選ぶ若者が減っているのです。農業は多くの場合、家族経営で行われており、親から子への継承が一般的です。

しかし、農家の子供が他の職業を選ぶケースが増えています。農家を継ぐのが嫌なので、都市に働きにいってしまうという流れが加速しているのです。税金を納めてくれる若者が都市部へいってしまうと、税収だけでなく働き手もいなくなってしまいます。

家族ですら継がない状態で、人を外から雇用するなんて現実的ではありませんから、圧倒的な人材不足になってしまうというわけです。

一部の地域では日本の若者が継がないならと、新興国の若者を技能実習生というような形で招集して業務を行わせています。しかし実習生も数年したら自国へ帰ってしまうため、根本解決にはならないのです。

なぜなら彼らは後継者になりえないからです。

農業の現場で利用されている外国人技能実習制度は、逆に日本の若者が、どんどん都市部へ流出してしまうという悪い影響も加速させてしまっています。

繰り返しになりますが、**一時的に外国人にやってもらおうというのは、ただ問題を先送りしているだけなのです。**

地方で若者がいなくなってしまうと人口が減少します。

さらに働き手が減ることで税収も下がりますから、公共サービスを維持することができずにどんどん閉鎖へ追い込まれてしまうのです。過疎化で人口が減ってしまうとバスの運転手の安定確保もできず、公共バスが廃線になってしまう。不便な都市になってしまうと、魅力を感じなくなってしまうため、過疎化に拍車がかかってしまうのです。

こういった形で加速度的に過疎化と少子化が進んでいくのです。

日本は食料自給率が非常に低いとされ、今のままでは加速度的に進んでいきますが、これもAIロボットを使うことで解決できるとされています。

AIロボットは種まきから収穫まで全てやってくれます。またAIで天候予測をしたりすることができます。そして収穫の際に糖度や大きさを自動で判別して収穫するなども可能になるのです。AIとロボット技術で農業の効率性と生産性を高める方法はスマート農業とよばれています。スマート農業は、食料問題やさらには後継者不足まで解決してくれると言われているのです。

具体的にどのようなことがAIとロボットを使ってできるかについてまとめていきます。

自動運転トラクターはすでに実用化されておりGPS技術とAIを搭載したトラクターは、畑の準備、種まき、施肥、収穫作業を自動的に行うことができるのです。さらにAIロボットが作業を行うため、人よりも正確性と効率が向上すると言われており、労働力の不足を補うことができるとされています。

つづいてドローンによる監視と分析ができるようになっています。

ドローンに搭載されたカメラやセンサーを使用して、作物の健康状態、成長、害虫の発生などをリアルタイムで監視できます。

広大な農地も短時間で管理できるようになっています。

監視するだけでなく害虫駆除や害虫を駆除するため

の農薬散布のデータをまとめてくれ、AIが環境に配慮した最適な方法で対応してくれます。

さらにAIによる作物の生育予測ができるようになります。天候データ、土壌データ、過去の収穫データをAIが分析し、最適な収穫時期や肥料の使用量を予測することができるのです。そして地域に応じた最適な種まきの時期から収穫の時期などを予測できるようになるため、収穫量を最大化させることが可能になります。

農業従事者の方は、毎年の不作になるかもしれないという不安から解消されます。

今まで経験や勘に頼っていた分野である水量や土壌の温度管理も、AIが農作物が最適に育つ環境を示してくれます。AIが年々蓄積していくデータを生かして収穫量をしっかり分析することで、どんどん最適化して

いくことができるのです。さらにロボットによる収穫作業ができるため、人がやる必要がなくなります。イチゴやトマトなどの果実を収穫するためのロボットは、AIを活用して果実の成熟度を判断し、優しく摘み取ることができます。

きゅうりやピーマンを収穫するAIロボットはすでに実用化しています。作業の正確性が向上するだけではなく、時間的な制約なく、農家の方の負担を大幅に減少させてくれるのです。

さらに全て**AIロボットがやるという選択肢だけでなく、人がロボットと協業することもできるのです。**

ロボットが重い荷物を運んだり、雑草を抜いたり人間の負担を軽減できる作業を考えてくれたり、お互いに協力して生産性を向上させることまでできるように

なっています。

こういったスマート農業はこれからさらに進化されるとされ、さまざまな技術を組み合わせることで、持続可能な農業の実現に向けて大きく貢献してくれます。

また、データが蓄積することでさまざまな意思決定が可能になり、気候変動や市場の変化にも柔軟に対応できるようになります。スマート農業のようなAIロボットが種まきから収穫までやってくれるのです。AI、ロボット、ドローンなどのスマート農業技術を導入することで、労働負荷が軽減されます。スマート農業を使って若者にとって農業を魅力的な職業にする取り組みを早急に行う必要があります。農業事業がメインの自治体では農業を始めたいと考える新規就農者に対する資金援助や技術支援、研修プログラムの提供を積極的に行う対策などが求められているのです。

そして都市部からの移住者や若者をターゲットにした農業体験プログラムや移住支援などを頻繁に開催するなども有効な方法です。これを実現することができれば、若者の都市部一極集中という問題も、過疎化を阻止するという問題も共に解決することが可能になると考えられています。日本において、農業分野でAIロボットを活用したスマート農業が進展することで、新たな未来がみえてきます。

都市部から地方へ移住し、農業に従事する人々が増えることも現実的になる可能性を秘めており、社会全体にとって大きな恩恵をもたらすと考えられます。

こうした動きは、単に農業の効率を上げるだけでなく、日本全体の食料自給率を向上させ、農業の後継者不足という深刻な問題を解決するカギとなります。AIロボットを取り入れたスマート農業は、従来の農業とは一線を画す効率性と精度をもたらします。

これにより、農作業が簡便化され、経験の浅い新規参入者でも高品質な農産物を生産することが可能となるのです。

つまり経験がない人でも農作物をつくれるようになったのです。これはAIロボットがもたらす一番大きなイノベーションです。

都市から地方へ移住して農業を始める人々にとって、AIロボットは心強いパートナーとなり、農業の門戸を広く開くことでしょう。さらに、このような移住が広がることで、地方の過疎化を防ぎ、地域社会の活性化にもつながります。

新しい世代が地方に根を張り、農業を通じて地域社会に貢献する姿は、地方創生の大きな一歩となります。

農業の後継者不足という課題も、こうした新しい農業従事者によって解決され、持続可能な農業が実現されるでしょう。

想像してください。

かつて過疎化が進んでいた地方が、新たな命とエネルギーで満ち溢れ、活気に満ちた農村が甦る未来はスマート農業で実現できる可能性を秘めているのです。**地元の農産物が安定して供給され、食料自給率が向上することで、私たちの食卓が豊かに彩られる日がくるでしょう。**

この未来は、決して遠い夢ではなく、私たちが今、行動を起こすことで実現可能な世界の話なのです。

AIロボットが支えるスマート農業は、日本の未来にとって欠かせない希望の光となる可能性が

第 2 章　日本が復活するカギは、AI ロボットであり、
　　　　社会問題を解決できる

あるのです。

企業や行政サービスもAIロボットが解決する

日本では人手不足で働き手がいないという問題がこれから深刻化します。

ただ企業は人数が減りますが、売上も利益も年々成長させなければいけないという使命を持っています。

会社は利益を出すことで納税をして、その税金を原資に公共サービスや社会保障が維持されているわけですから、企業は利益を出しつづけなければなりません。

ただ現実問題、働く人数は減っているのです。

一方で作業量は減らないわけですから、今までよりも数倍の効率で作業をしなければ、サービスを維持することはできなくなります。

一部の作業をロボット対応にするか、作業を効率化する部分に関してはAIの知恵を借りて能率良く処理をしていく必要があるわけです。

企業や行政サービスについてはどのようなことができるのか、具体的に紹介しようと思います。

例えばAIチャットボットにより問い合わせ対応をすることで、電話対応のスタッフがいなくても、住民からの問い合わせに24時間回答できるようになります。こういったAIの活用によって基本的な質問や手続き案内を自動で行うことができます。

また、どのような問い合わせが多いかも分析することが可能になります。そして行政サービスでわかりにくいところがどこなのかなども正確に把握できるようになります。職員の負担を減らせるだけでなく、24時間対応できることで利便性は抜群に改善します。**行政や企業にロボット受付システムを導入することで窓口にロボットを設置するだけで、来庁者、来客者の受付業務を自動化できます。**

さらに、来庁者の名前や用件を音声で確認し、必要な窓口に案内することができます。今は一緒に窓口まで並走することができるようなロボットもあり、**ロボットがエレベーターに乗って応接室まで案内するということもできるようになっています。**

受付スタッフを常時置く必要がなく、業務の効率化が図れ、職員がより専門的な業務に専念できるようになります。

他にも書類の自動分類・管理を圧倒的に軽減することが可能です。AIを活用して提出された書類を自動で分類し、紙の書類ではなく電子データとして管理がするOCR（画像データのテキスト部分を読み取る）技術を利用して手書きの書類もデジタル化することができます。

書類の管理が効率化されて、紛失や誤分類を防ぐこともでき、紙データではできなかった検索や参照も簡単に行えるようになります。

デジタル化することで、地域データや統計データもAIでの分析も瞬時に可能になり、行政サービスの需要予測や施策の効果分析を行うことができます。これによって勘や経験に基づくものではなく、きちんとしたデータに基づく意思決定が可能になり、地域の課題に対して効果的な対策を講じることができます。音声認識もAIで可能なため、職員の会議やインタビューの内容を音声認識技術でテキスト化し、自動的に議事録や報告書を作成するなど業務効率化もできるようになります。

今まで手作業でやっていた文字起こしも不要になり、作業量だけでなく、作業効率が劇的に改善します。

また住民がオンラインで行政手続きを行う際、AIがガイドとして手続きの流れや必要書類を案内できるなど手続きの煩雑さを軽減します。そして住民がスムーズに手続きを完了できるよう支援します。AIによる公共サービスの個別最適化が可能で、それぞれ住民のニーズに応じたサービス提供をAIがサポートすることができます。例えば、高齢者や障害者向けに特化した情報提供ができるため、よりパーソナライズされたサービスが可能になり、住民満足度の向上につながります。

さらに巡回・監視業務用に自動巡回ロボットを導入し、公共施設や公園の巡回監視を行います。異常を検知した場合は、職員に通知が可能です。警備員や監視業務の人手不足の解消や、ロボットを活用することにより広範囲の監視が可能になります。

これらの技術を活用することで、地方行政はより効率的で効果的なサービスを提供し、住民とのコミュニケーションを強化することができます。また、AIとロボットの導入により受付の自動化や書類手続きのIT化などで、職員の業務負担を軽減し、戦略的な行政運営が可能となるのです。

もしかしたらこれをお読みの行政の方は、**高齢者が増えるからIT化なんて現実的ではないかと**

考えられるかもしれませんが、今やらないと人手不足の根本は解決しないのです。

今デジタル化をしないと、書類だけが増えていき、処理が時間の経過とともに煩雑になってしまう一方なのです。AIロボットの進化により、ユーザーは簡単にロボットと対話するだけで、最適な手続きを案内してもらえるようになっています。このようにして、誰でも利用しやすいシステムが日々向上しています。

年々増加する物流問題もAIロボットが解決する

物流会社や倉庫会社などは、人手不足や高齢化により作業量過多などさまざまな問題が起きております。背景としてネットショッピングの利用者増加で配達する荷物の数が急速に増加していることがあげられます、そのため物流業界では作業量が急増しています。

しかし、**物流業界でも若い労働力の確保が難しく、人手不足が深刻化しています。**年配の方が倉庫などで重量の荷物の積み下ろし作業をしているケースが多く、社会問題になっています。人間は高齢化することで体のあらゆる部位に不調が出てくるため、人手不足はとにかく深刻です。配達員の方々の多くは高齢のため腰痛や関節痛などが発生しているが、人手不足なので無理して働いているのが現状です。

スマートフォンでのショッピングが当たり前になったため、人口は減ってもEC由来の物流は減ることはなく、２桁成長で増えているのが現状なのです。

人手不足はますます深刻化することが予想されています。物流量の増加はネット通販の普及で一気に増加しました。特に急速に伸びた要因がコロナの影響です。これにより対面で買わずにネットで買うしかない状況になったため、ネット通販利用者が急増しました。

国内の物流量も大幅に増加しています。２０２０年、ヤマト運輸と佐川急便の2社で合わせて約30億個以上の宅配便を取り扱いました。２社とも、年々取り扱い量が増加していることを報告しており、さらに物流量は伸びていくことが予想されています。

宅配業者を悩ませているのが労働力不足と高齢化です。
物流業界では、特にドライバーや倉庫作業員の人手不足が深刻化しています。

若年層の労働力が減少し、高齢化が進む中で、新たな人材の確保が困難となっています。そもそもトラック運転ができない若者が増えております。さらに労働環境が厳しく、長時間労働や過重労働が常態化しており、離職率も高い状況がつづいているのです。都市部では、駐車スペースも限られており、配達中に駐車違反の切符をきられてしまったりします。ただでさえきついのに、違反切符まできられてしまい、そのほとんどが自腹での支払いとなりますので、配達員は非常に厳しい労働状況になっているというのは言うまでもありません。

都市部では交通渋滞が物流効率に影響を与えていると言われています。

一方、地方では配送網が限られているため、効率的な物流が難しい状況となっているのです。さらには時間指定の配達があったり、再配達の問題があったり、配達員への負担は年々増加しているのが現状です。

コストの増加も物流業者を悩ませており、労働力不足だけでなく燃料費の高騰により、物流コストも上昇しています。人件費高騰だけでなく、離職率も高いため、採用のためのコスト、それに新人への教育コストなどの人件費のトータルコストは二次曲線的に増加しているのです。

人口は減っているのですが物流量は増えています。

ネット通販市場の成長については経済産業省のデータによると、２０２５年に約27兆円に達する見込みとなっています。そして今後も年率５～10％の成長が予測されているのです。物流量ですが現在50億個をすでに超えている状況であります。２０３０年には、ネット通販のさらなる普及により人口減少はするものの、１人あたりの消費増加により、物流量はさらに増加し、70億～80億個に達するとみられています。

つまり、働く人は減るのに、物流量が増えつづけるといったひどい状況になっているのです。

こういった問題に対してはAIを搭載したロボットが倉庫内の商品を自動でピッキングすることで、人手不足を補い、作業効率を向上させるなど対策を打つ必要があります。さらにAIは在庫の管理や配置を自動で最適化し、作業のスピードと精度を向上させることが可能なのです。そして人間と共に作業する協働AIロボットの導入で、高齢の作業者をサポートすることができます。これにより、重い荷物の運搬や長時間作業の負担を軽減することができます。AIロボットは休憩なしで24時間稼働できるため、業務量が増加しても対応可能です。倉庫内でドローンを使い在庫の状況をリアルタイムで監視するなど、すでに実装されているサービスもあり、効率的な在庫管理を実現しています。

さらに**ロボットによる自動搬送システムを導入し、作業者の移動距離を削減することも可能となっています。**

今、複数の異なる商品を同時に購入するケースなども増えており、多様な商品や複雑な物流経路が増え、オペレーションが複雑化しています。これにより、人による管理が難しくなってきていると言われています。倉庫現場でも高齢化が進んでいます。人がピッキングをしている現場では、ミスが増加しているという現状があるのです。

こういった状況はAIを活用して需要予測を行い、最適な在庫管理と配送計画を立てることで、効率的なオペレーションを実現することができるのです。さらにAIによるデータ分析により、物流プロセス全体の可視性を向上させることができます。倉庫の現場では労働力不足に伴う作業精度の低下や、安全性の問題が発生する可能性があるのではないかということも懸念されています。

つまり現場スタッフの安全性や職場の環境の悪化も社会問題になっているのです。

ですが実は安全に関してもAIが作業環境を監視し、しっかり安全性を確保することで、事故のリスクを低減することができる技術は実装されています。さらにAIの画像認識技術を活用して、商品のピッキング精度を向上させる技術もすでに実装されています。

ですが中小企業の倉庫では利用されていないのです。

効率よく人間と協力して作業効率をあげることはもちろん、環境の配慮も求められる昨今となっています。これもAIを活用したルート最適化により、配送の効率を向上させることが必要になります。AIを有効活用することでエネルギー消費を削減したり、燃費効率の良い自律走行車両を導入し、環境への負荷軽減までもが可能となっています。多くの問題はAIロボット技術の導入により、物流業界は人手不足や高齢化の課題を克服できます。さらに効率的で持続可能なオペレーションを実現できる時代になっているのです。

技術の進化と普及が進むにつれて、これらのソリューションはさらに効果的に物流業界を支援することが期待されます。

日本は倉庫業界と物流業界のロボット化に関して世界と比べて遅れています。諸外国ではすでに多くの民間企業が実装をしており大きな成果を収めています。AIロボットを活用することで、物流問題の人手不足の課題を解決する取り組みが進んでいます。いくつかの具体的な事例を紹介します。

①ピッキング作業の自動化

事例：Amazon Robotics

Amazonは、倉庫内でのピッキング作業にAIロボットを導入しています。これらのロボットは、自動的に商品棚を移動させ、スタッフが効率的に商品をピッキングできるようサポートしています。これにより作業効率が向上し、作業者の移動距離を削減することで、ピッキング作業のスピードアップが可能です。また、労働力の負担を軽減し、人手不足の問題を緩和します。そしてなによりもロボットが作業をすることで人によるミスを減らすことができます。

事例：Ocado Technology

イギリスのオンラインスーパーマーケットOcadoは、AIを搭載したロボットを用いた高度な自動化倉庫システムを運営しています。これらのロボットは、倉庫内の商品の移動とピッキングを行います。これによりピッキングの精度とスピードが向上し、複雑な注文に対する処理能力を大幅に改善しており、人による作業よりも効率よい運用ができています。

②自動倉庫管理システム

事例：Zebra TechnologiesのFulfillment Edge

Zebra TechnologiesのFulfillment Edgeは、AIとモバイル技術を活用した倉庫管理システムで、リアルタイムで倉庫の在庫状況を把握し、最適な作業指示を行うことができます。これにより在庫管理が正確になり、作業効率が向上します。特に繁忙期においても、迅速かつ効率的なオペレーションが可能です。

事例：Symbotic の自動化ソリューション

Symbotic は、小売業者向けに高度な自動化倉庫システムを提供しており、AIを活用したロボットが在庫の移動と配置を行います。これにより人為的なミスを減少させ、商品の正確な配置を実現します。また、スペース効率を最大化し、倉庫の稼働率を高めます。

③配送の自動化

事例：Starship Technologies の配送ロボット

Starship Technologies は、自律走行型配送ロボットを開発し、ラストワンマイル配送を可能にしています。これらのロボットは都市部での小規模配送に利用されています。これによりラストワンマイルの配送コストを削減し、人手不足の問題を解消するだけでなく、都市部の渋滞を回避し、迅速な配送が可能です。

事例：Nuro の自動配送車

Nuro は、AIを搭載した自動配送車を開発しており、主に食料品や日用品の配送に利用されています。これらの車両は公道を走行し、指定された場所に商品を届けます。これにより人件費の削減と配送の効率化を実現します。また、安全性の向上と環境への負荷を軽減することができます。

④倉庫内の作業支援

事例：Right Hand Robotics のロボットアーム

Right Hand Robotics は、AIを活用したロボットアームを開発しており、複雑な形状の商品を正確にピッキングすることができます。これにより多様な商品の扱いが可能となり、作業の正確性と効率が向上します。

事例：Fetch Robotics の協働ロボット

Fetch Robotics は、倉庫内での荷物運搬や作業者支援を行う協働ロボットを提供しています。これらのロボットはAIを活用して自律的に移動し、作業者の作業を支援します。これにより作業者の移動時間を削減し、作業負荷を軽減することで、労働環境を改善します。

⑤AIによる予測分析と最適化

事例：Blue Yonder の需要予測

Blue Yonder は、AIを活用した需要予測ソリューションを提供し、リアルタイムで需給を分析して在庫管理を最適化します。これにより需要の変動に迅速に対応し、在庫切れや過剰在庫を防ぎます。

事例：Clear Metalの物流最適化

Clear Metalは、AIを利用して物流の可視性を向上させ、サプライチェーン全体の効率を最適化します。これにより複雑な物流ネットワークを効率的に管理し、コスト削減とサービス品質の向上を図ります。

実際に日本も高齢化によって倉庫業と配送業の現場で使われているAIロボットが活躍している例がありますので紹介します。

まずは倉庫の積み下ろしをロボットで行うことができる事例について紹介します。倉庫側と運送側で荷物の積み下ろし作業が非常に負荷の大きい問題になっていました。作業が時間内に終わらず残業も発生してしまう。

さらに人材採用ができたとしても、作業を教えてやっと1人で作業を任せられると思ったら辞めてしまうといった問題がありました。

これを解決するロボットとして川崎重工のVamboが大活躍しています。Vamboは1コンテナを2時間で荷降ろし可能にしております。処理能力としては1時間に400～800箱となっており、AI

ロボットがやってくれるので、残業代も発生しません。さらに作業を覚えてもらう教育コストも０、離職をしてしまう可能性も０となっております。さらにはロボットアームと無人搬送車が組み合わされているので、設置工事不要です。サイズが違うものもAIが判断して積み下ろすため、幅広い可動範囲と大きな可搬質量を実現しています。

荷物の積み下ろしを自動化することでコア業務に集中することが可能となっています。

AIロボットが積み下ろしをしているのでミスが発生することもなく、ロボットは風邪で休んだりすることはありません。

夜に荷物の積み下ろしをしてもらうなども可能です。さらに別のロボットと連携することでサイズごとの仕分けまでロボットが無人でやってくれるのです。ものすごく負担が軽くなるのは言うまでもありません。

このように人間とロボットは協業していく時代がすでにきている

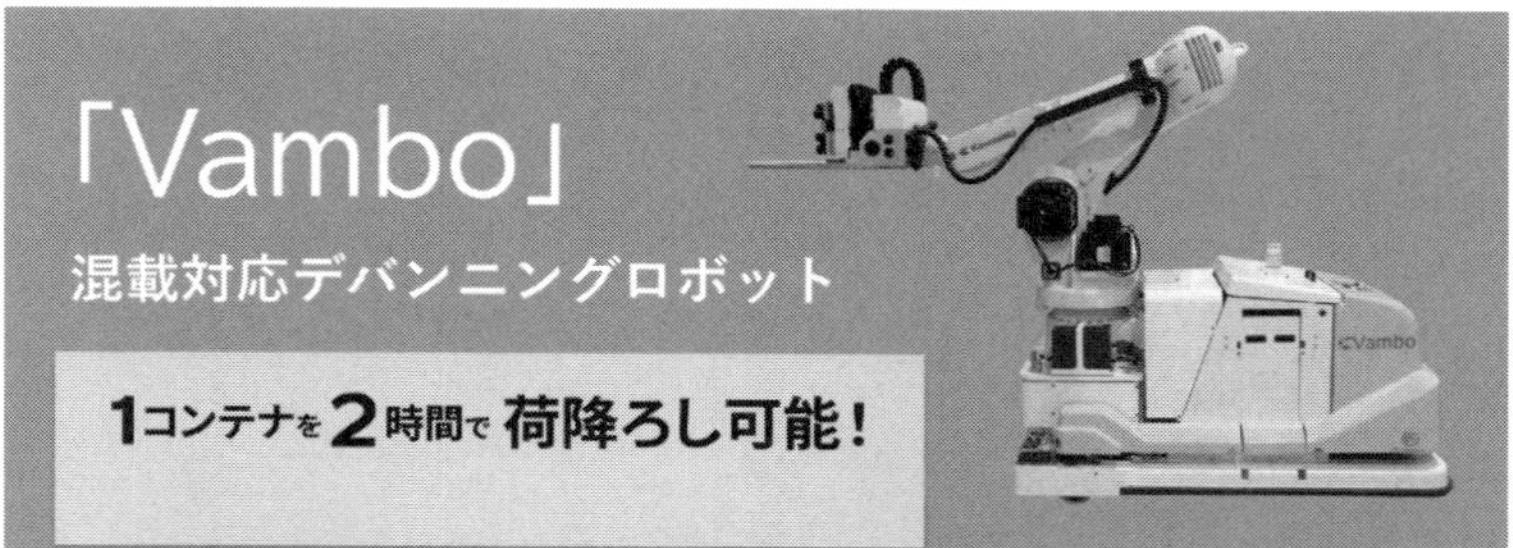
「Vambo」
混載対応デバンニングロボット
1コンテナを2時間で荷降ろし可能！
Vambo

出典：川崎重工業株式会社HPより

のです。

重たいものを運ぶことは倉庫業界だけでなく、実は建築現場でも必要とされます。これに関してもすでにAIロボットで運べるようになっているのです。

今回紹介するロボットはQbit Roboticsの屋外配送ロボット「TQ1」です。

屋外配送ロボット「TQ1」の特徴は4WD（四輪駆動）で道が悪いところでも走行が可能である点と、防塵・防水仕様であること。

そして最大の強みは150kgの積載が可能ということです。

建築現場のスタッフの高齢化も深刻なため、重たいものを人が運ぶとなると事故にもつながりやすい。ロボットの導入は怪我の防止にも役立つのです。

150kgの重量を屋外で、さらに道が悪いところで使えるとなると建築現場だけでなく、アウトドアなどのグランピング施設で荷物を運ぶことにも利用できますし、収穫した農作物を運ぶといった用途にも使うことができます。

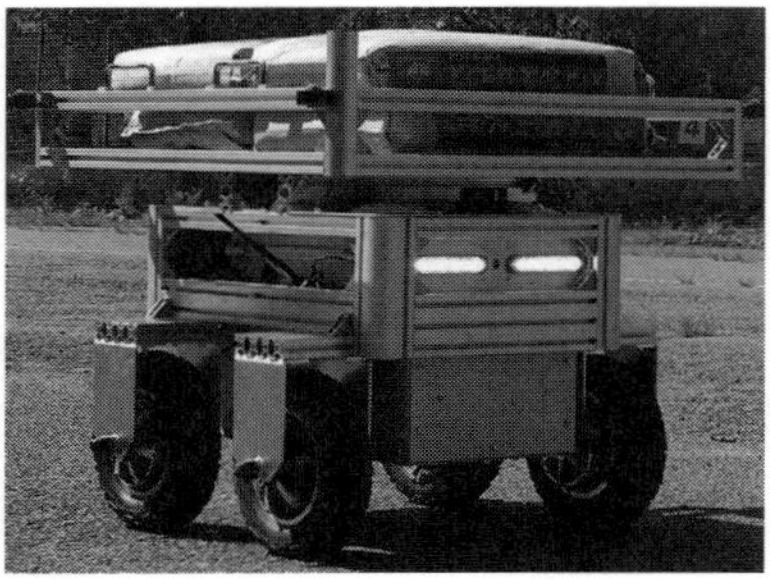

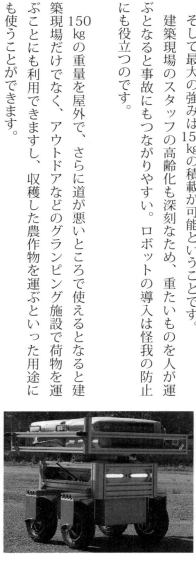

グランピング施設ではBBQ（バーベキュー）などの食材を運ぶのが重すぎて何度も往復しないと運べないという問題がありましたが、屋外配送ロボット「ＴＱ１」はそういった問題も解決してくれるロボットとして活躍しています。

建築現場で使いたい、収穫した農作物を運びたい、グランピング施設など屋外で重たい荷物を運びたいという方がいましたら当社宛にご連絡ください。

つづいては、いわゆるラストワンマイル問題を解決し、配送物をお客様の手元まで届けるAIロボットについて紹介します。こちらもすでに実装されており、ZMP社のデリロ配送ロボットは無人で荷物を運ぶことができます。

今需要が急増しているフードのデリバリーに関しても完全無人で荷物を運ぶことができます。

DeliRo（デリロ）は、ZMP社の自動運転コンピューター「IZAC」を搭載しています。カメラやレーザーセンサで周囲環境を360度認識しながら最大時速６㎞で自動走行します。

積載量は最大50㎏に対応しており、配送物や飲料など、多様な利用シーンや配送ニーズに対応していきます。

DeliRo（デリロ）は、目と音声によるコミュニケーション機能を採用しており、宅配ロボットとして、人と人のコミュニケーションのように利用者や周囲の方をサポートできます。

配送ロボットの特徴を記すと、次のようになります。

①周辺の環境を認識し、最適なルートで無人で走行可能
②高い搬送能力により、効率的コストで輸送を実現
③人の手で簡単に押すことができ、軽々と持ち上げることも可能
④優れた走破性により、段差の多い公道や未舗装道路での走行も可能
⑤モニターやカメラを活用して遠隔によるコミュニケーションなどが可能

配送先のラストワンマイルで連携する「配送ロボット」は、これから配送業者やデリバリー業者の大きな助けになってくれることでしょう。

さらに遠隔コミュニケーションがとれることで安全性も確保されています。

配送のみならず荷物の受け渡し・軽作業も行えるよう開発が進んでいます。倉庫業だけでなく、最後の配達までを無人で行える時代にこれから一気に進むことが期待されているのです。

慢性的な人手不足は解消されることはありません。つまりこれからAIロボットによる配送は社会課題を解決するためには絶対に不可欠なのです。

繰り返しになりますが、日本では、倉庫業や配送業が急速に変革期を迎えています。これまで人が担っていた作業が、AIやロボットによって自動化され、ミスなく効率的に処理される時代がすでに到来しています。特に、配送業においては、お客様の手元までの配達まで無人で行える技術が進化しているのです。

これから無人で配送できるロボットが普及することで、一気に人手不足の問題は緩和されると期待されているのです。現在物流業界が直面している現実はとても厳しいものです。

日本の人口構成は、少子高齢化によって急速に変化しており、労働力の減少は避けられない状況なのです。この慢性的な人手不足は、これからも解消されることはないでしょう。

そのため、AIロボットの配送業務への導入は、社会的課題を解決するうえでなくてはならないものとなります。もしAIロボットの導入がなければ、物流業界全体が一層深刻な危機に見舞われるでしょう。AIロボットを導入しない選択をすれば、現場のスタッフは過酷な状況に追い込まれることになります。

既に高齢化が進み体力的な負担が増している中で、さらに業務量が増加し、１人あたりの仕事量が倍増してしまうのです。

今までよりも長時間働かざるをえなくなり、無理を重ねることで、疲労やストレスが蓄積し、その結果、離職率が上昇し、さらなる人手不足という悪循環に陥るのです。

こうした問題を放置すれば、業界全体が立ち行かなくなるだけでなく、過労やストレスによる精神疾患の増加や疲労の蓄積から重大な事故が発生するリスクも高くなってしまいます。

実は、ラストワンマイル問題は技術的には解決可能になっているのですが、1つ大きな問題があると言われています、それはどれも建物の前までの配達に留まっているということです。

すでに技術的に部屋の前に配達は可能ですが、エレベーターとの連携がネックになっているのです。設定自体は1～2時間程度で終わる作業で部屋の前まで配達が可能なのですが、安全検査などに6ヶ月ほどの時間がかかっており、検査料として建物ごとに数百万円の費用がかかる状態になっています。

すでに技術的にもすぐにでも始められる状態になっているのに、こういった日本独自のシステムがあるため、まったく本格的な実用化には至っていないのです。

この審査速度と料金体制が変われば大きく無人配送が前に進むと予想されています。今はAI配送ロボットのラストワンマイル配達は、技術的にできるのに検査費用が高いということで実用化が進んでいないのです。

日本が未来に向けて成長しつづけるためには、今すぐにAIロボットを導入し、業務の効率化を図ることが求められています。

これを先送りにしてはいけません。
私たちの選択が、未来の社会のあり方を決定します。

今、変革の時がきているのです。
AIロボットの力を借りて、持続可能な社会を築き上げましょう。

AIとロボットはいくらでも増やすことができるため、持続可能のリソースとして、私たちを助けてくれるのです。そうしなければ、私たちの未来は、より困難なものになってしまうでしょう。
この危機を共に乗り越え、日本の未来を守るために、今すぐ行動を起こしましょう。

物流にロボットを導入したい、業務負担を減らして自動化したいとお考えの方はぜひお気軽にご相談ください。

重たい荷物を運んだり、搬入したりするつらい業務からスタッフを解放してあげることで現場の負担も減らすことができ、離職率も下がり、生産性も見違えるようにあげることができるのです。

https://az-ai-robot.com/contact/

年々増加する高齢者に対する医療切迫もAIロボットが解決する

日本の医療システムは、医師不足や病院の混雑、高齢者の増加に伴う医療問題など、いくつかの深刻な課題に直面しています。これらの問題は、医療現場の負担を増大させ、質の高い医療サービスの提供を難しくしています。しかし、AIやロボット技術を活用することで、これらの課題を解決する可能性が広がっています。

ここでは、医療の現状と課題、およびAIとロボットによる解決策をまとめます。

医師不足の現状が日本を悩ませています。日本は医師数が不足しており、特に地方や特定の専門領域（産科、小児科、救急医療など）で顕著な状態となっております。医師の負担が増大しています。長時間労働が常態化しており、休む時間がないという深刻な問題が起きているのです。

また、**日本では地方も圧倒的に医師が足りないという問題に直面しています**。医師が都市部に集中し、地方では十分な医療サービスを提供できない地域が存在しているのです。人は歳をとると必ず病気になりますから、病院は地方にとって大きなインフラになります。若者が減っているだけでなく、地方に医師が不足していることが、過疎化が進んでいく要因の1つにもなっています。

さらに病院の混雑問題も深刻です。

病院の待ち時間が長く、患者が適切な診療を受けるために多くの時間を費やします。身体の不調ですぐになんとかしてほしいと病院を訪れているのに、病院内で数時間待たされたりすることが起きています。これにより患者の不満が現場で爆発しトラブルになり、その対応に追われることで医療サービスの質の低下が生じています。

それに加えて緊急対応の難しさがあげられます。

病院のキャパシティを超えた緊急患者の対応が困難で、病院側が受け入れてくれずに救急車の受け入れ先がみつからないケースが増えています。救急車は来ているのに長時間待ちになってしまって、その間に命を落としてしまうというケースまで起きてしまっています。大規模災害時やコロナのパンデミック時に混雑が顕著になって問題になりました。

そして、**一番に高齢者増加による医療問題があげられます。**

慢性疾患（糖尿病、高血圧、心疾患など）の増加で患者が増え過ぎているのです。高齢化に伴い、慢性疾患の患者が増加し、医療システムへの負担が大きくなっています。

さらに介護と医療のニーズは増加しています。**高齢者は医療だけでなく、介護サービスも必要としており、これらのサービスの統合が求められています。**

AIとロボットによる解決方法として医師不足への対策は、AIによる診断支援があげられます。AIは医師をサポートする診断支援ツールとして、画像診断や電子カルテからのデータ解析を行うことができます。

これにより診断の精度を向上させ、医師の負担を軽減します。

IBM社のWatsonは、患者データを解析して最適な治療法を提案することで、医師の意思決定をサポートします。

AIを活用した遠隔診療プラットフォームは、地方の医療不足を解消し、都市部以外でも質の高い医療サービスを提供します。

例えばテレヘルスサービスは、ビデオ通話を通じて患者と医師をつなぎ、直接の診察を必要としない場合に迅速な対応を可能にします。

病院の混雑緩和の問題に関してはAIによる予約システムの最適化があげられます。

AIが患者の予約状況を分析し、最適な診療スケジュールを提案することで、待ち時間を短縮し、病院の効率的な運営を支援します。

他にも、AIを活用した診療予約システムは、患者の来院時間を分散させ、混雑を緩和します。そしてロボットによる病院業務の自動化が効果的だと言われています。

医療AIロボットが検体輸送や薬剤管理、消毒作業を自動化することで、医療スタッフの負担を軽減し、業務効率を向上させます。

大きな病院ではとにかく移動距離が多く、病院で看護スタッフや医療スタッフが走って移動して荷物の搬送をしており、大きな課題となっていました。

川崎重工の「FORRO」は病院内物流業務を改善し、

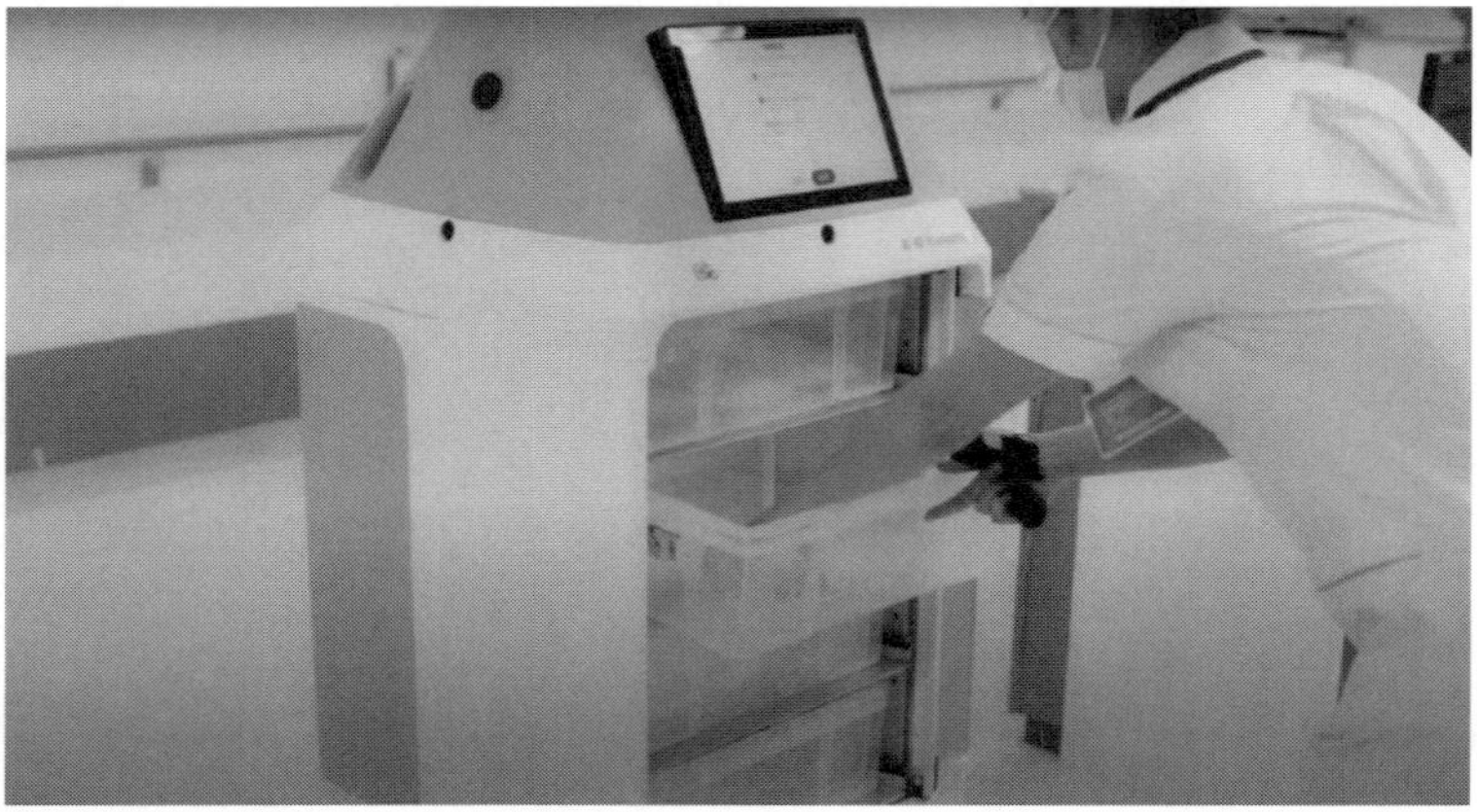

出典：川崎重工業株式会社 HP より

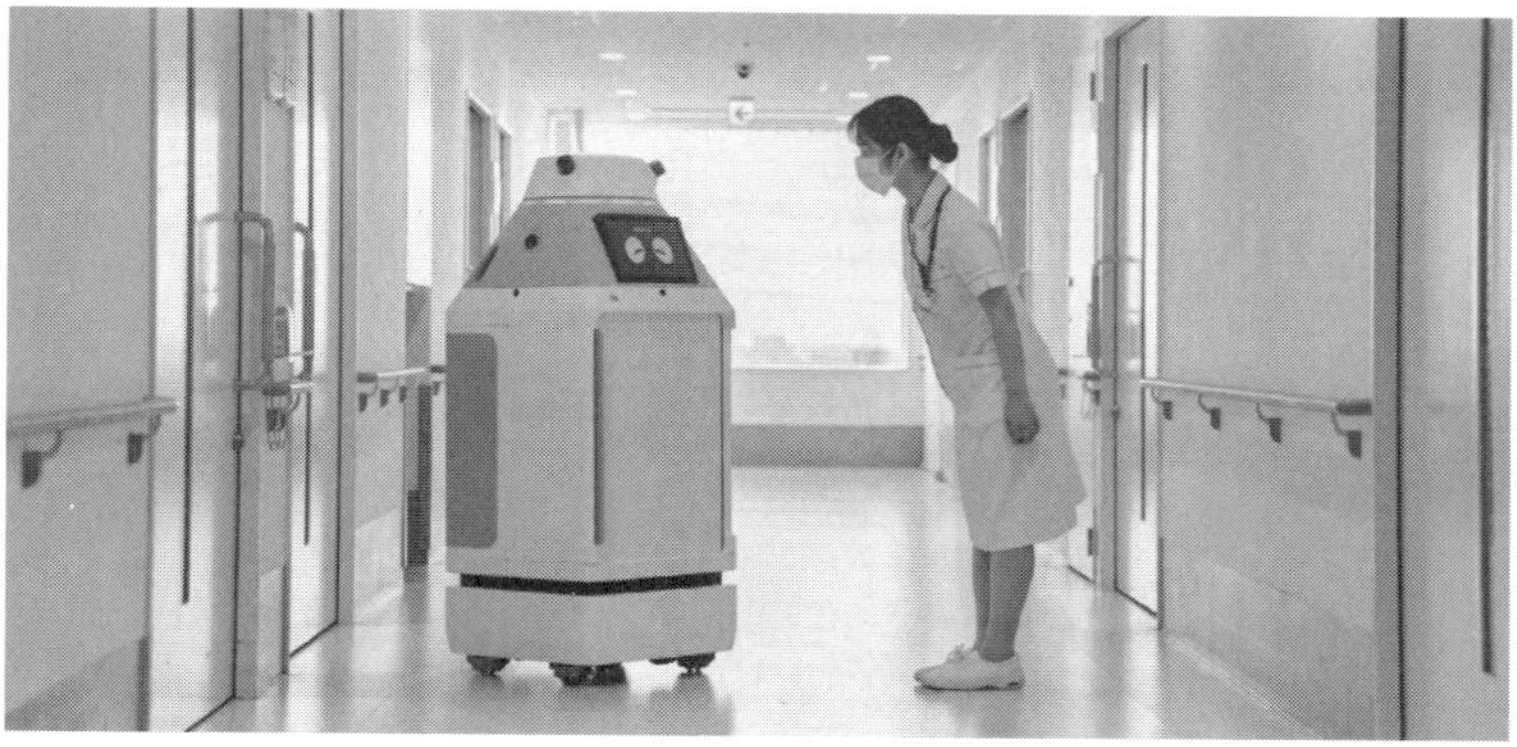

出典：川崎重工業株式会社 HP より

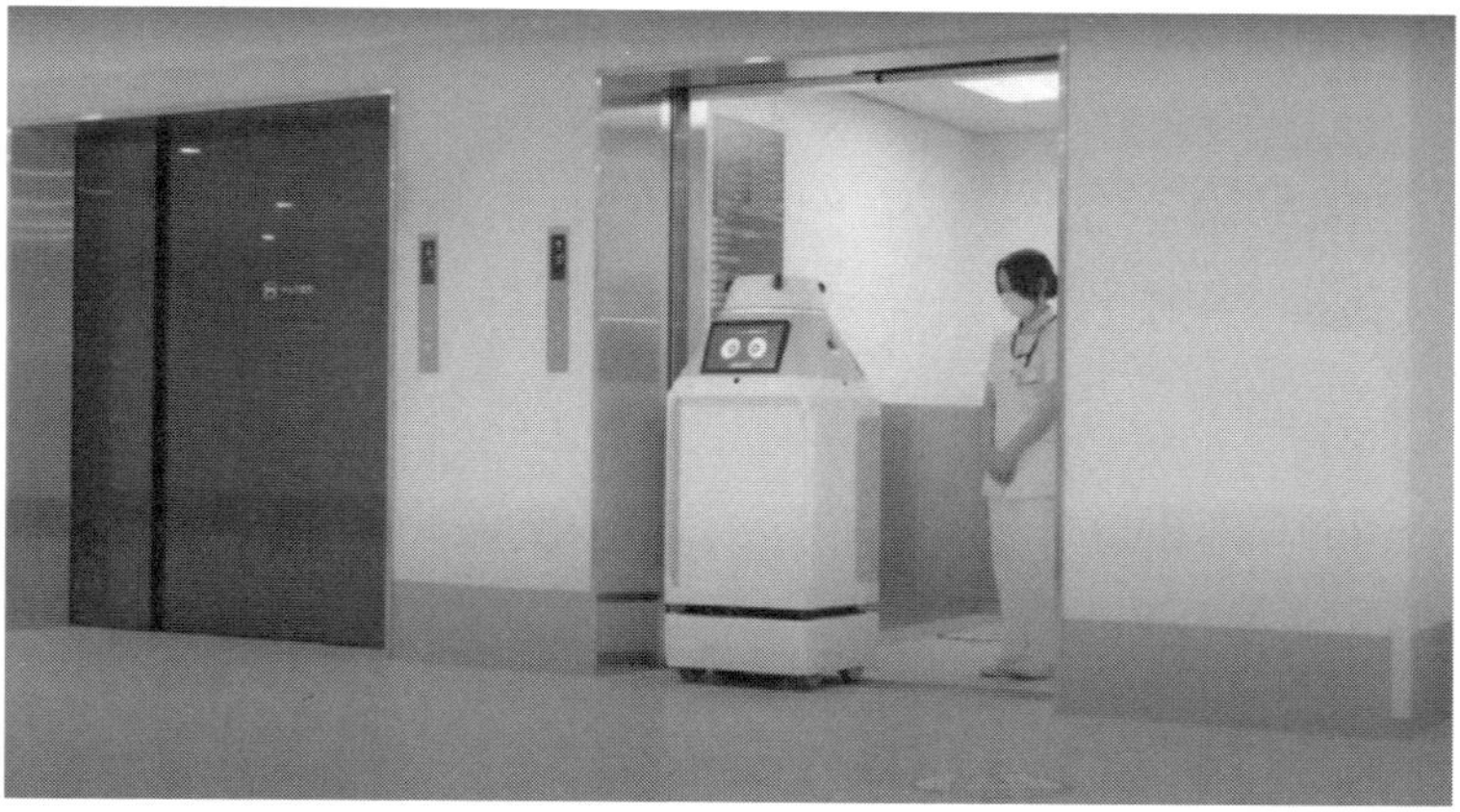

出典：川崎重工業株式会社 HP より

https://youtu.be/ziMds-eM4rU?si=1RU1aySdZaj7sVcV

スタッフが患者ケアに専念できるようにしています。

病院施設内におけるエレベーターでの人とロボットの相乗りや途中下車などの課題が、AIを活用することで解決されつつあります。

そして人が多く行き交う大型病院の建物内においてもスムーズに走行することができるのです。

医療現場では人手不足による病院スタッフの負担が増加する中、働き方改革によりさらなる業務効率化が求められています。

気軽に効果的な無人物流を実現することができるのです。

これで病院スタッフが本来の業務に専念できる医療現場の実現に貢献します。

病院のように、人の往来が多く、構造が複雑な施設でも人と接触しない安全なシステムが組み込まれており、「人と共存できる」という大きな強みとホスピタリティを持ち合わせたロボットなのです。

そして高齢者医療問題の解決にはリモートモニタリングとAI分析が有益だと考えられています。高齢者の健康状態をリモートでモニタリングし、AIがデータを解析して健康管理をサポートします。

これにより、早期の病気発見と予防が可能になります。例えば、ウェアラブルデバイスは心拍数や血圧、活動量などのデータを収集し、異常があれば医療機関に通知します。

高齢者の生活をサポートするにはロボットを導入すれば、日常生活の質を向上させることができます。これにより、スタッフの負担を軽減し、より多くの高齢者にサービスを提供できます。

AIロボットによる見守りサービスなども現在、実証実験が行われております。

そして実用化できるレベルになっているのです。

川崎重工のアームがついて自走することができる『Nyokkey（ニョッキー）』はエレベーターに乗れるのはもちろん、扉などを開けることも可能となっています。

川崎重工業株式会社より提供

つまりAIとロボットの技術は、日本の医療問題に対する革新的な解決策を提供することがすでに可能となっているのです。医師不足や病院の混雑、高齢者医療問題を克服するためには、これらの技術を活用して医療システム全体の効率性と質を向上させることが重要になります。

特に、診断支援や遠隔医療、業務自動化、介護支援などの分野でのAIロボットの導入により、より多くの人々が質の高い医療サービスを受けられる未来が期待されているのです。今まで負担になっていたスタッフの夜間の見守りや雑務に関して、ロボットが代わりにやってくれる時代がもう目の前まで来ているのです。

政府や医療機関、技術企業が連携してこれらのソリューションを実現することで、持続可能な医療システムの構築が可能になるのです。

年々増加する高齢者に対する介護施設不足や介護スタッフの人手不足もAIロボットが解決する

医療の現場だけでなく、介護現場においても、急速に進行する高齢化に伴い、さまざまな課題に直面しています。

特に介護スタッフの人手不足、介護施設の混雑、高齢者増加による介護の需要増などが深刻な問題となっています。

若者が増えていないので介護施設でも老人が老人を介護する「老老介護」という言葉まで生まれるほどです。

高齢化が進む日本では老人が老人を介護する状態になっており、社会問題となっているのです。

これらの問題を解決するために、AIとロボットの技術が期待されています。

現状と課題、そしてAIとロボットが解決する未来についてまとめます。

まず課題とされるのが介護スタッフの人手不足です。

繰り返しになりますが、日本は急速に高齢化が進んでおり、介護を必要とする高齢者が増加しています。

一方で、介護スタッフの確保が追いついておらず、深刻な人手不足がつづいています。その背景には労働条件の厳しさがあげられます。介護職は長時間労働や夜勤、身体的負担が大きいため、離職率が高く、新たな人材の確保が難しい状況です。それだけきつい仕事なので待遇の改善が必要なのですが、介護職の賃金や待遇が他の職種と比較して低いため、若い人材の確保が難しくなっているのです。

さらに介護施設の混雑問題があげられます。

いわゆる施設のキャパシティ不足です。

高齢者の増加に伴い、介護施設の需要が増加していますが、施設の数やキャパシティが不足しており、待

日本の将来の人口推計

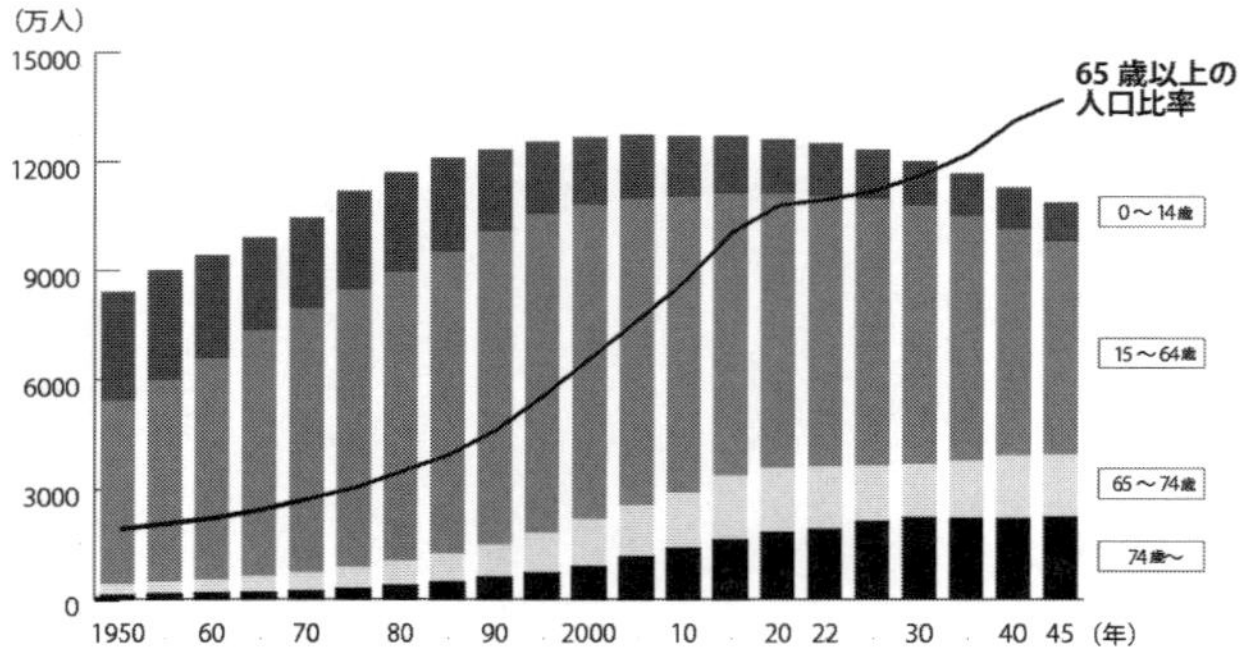

出典：総務省　人口統計

機者が増えています。

スタッフの確保も追いつかないので新しい施設を増やすというのが難しいのです。さらにスタッフ不足が根底の問題にあるため、質の高いサービスの提供が難しいのです。少ないスタッフで施設がフル稼働状態になると、１人のスタッフが多くの利用者を担当することになり、質の高いケアを提供するのが難しくなります。

さらに**介護の現場では高齢者の増加によって、慢性疾患や認知症をもっている入居者が増え、負担をさらに増加させています。**

慢性疾患や認知症を患う高齢者が増加しており、専門的なケアが必要とされています。

さらに家庭での介護負担も大きな問題になっています。施設に入れない高齢者は家庭で介護されることが

要介護認定者の総数

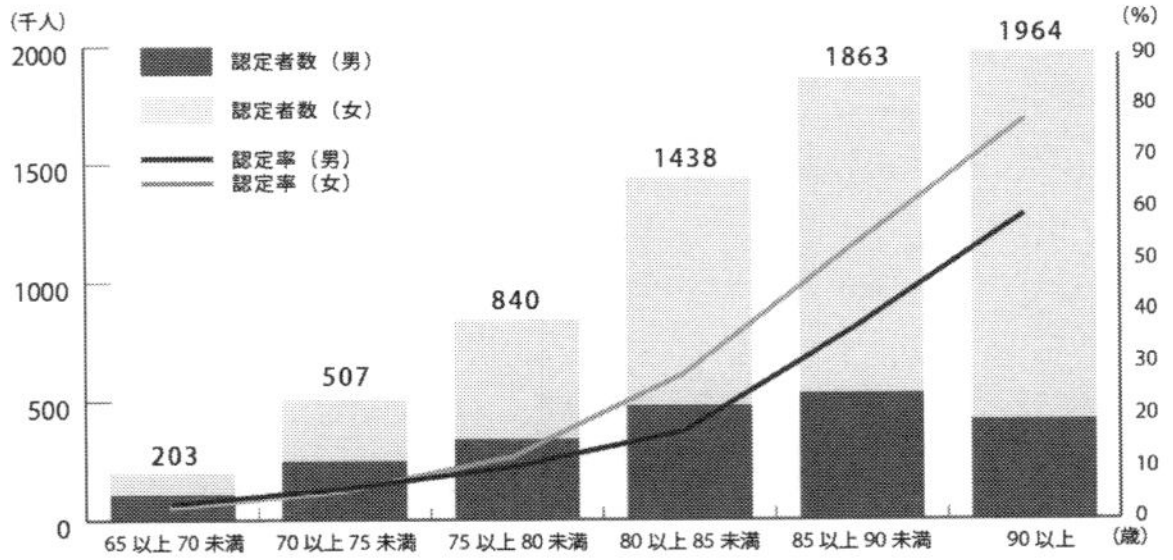

出典：厚生労働省　令和４年版厚生労働白書

多く、家族に大きな負担がかかります。

現役で働けるのに介護サポートが必要だということで仕事を辞めて介護ケアをするケースも年々爆発的に増えているのです。

２０２１年時点での要介護認定者数は約660万人です。

これは、高齢化の進行とともに増加しています。年齢別の要介護率をみてみると、75歳以上の高齢者の約30％が要介護認定を受けており、85歳以上では50％以上が何らかの介護サービスを利用しています。これから高齢化社会がさらに進行するため、この率は急速に増えていくことが予想されています。

要介護度別の人数をみてみると２０２１年時点での要介護認定者の内訳は、要支援1と要支援2が約25％、要介護1が約20％、要介護2が約20％、要介護3が約15％、要介護4が約10％、要介護5が約10％となって

要介護の基準

要介護区分	基準	具体例
要介護1	日常生活において部分的な介助が必要な状態。	一部の動作（例：立ち上がり、歩行、入浴、トイレ）に介助が必要。 一人で外出は困難で、同伴者が必要な場合がある。 認知機能がやや低下し、日常生活の一部で支援が必要。
要介護2	日常生活において継続的な介助が必要な状態。	立ち上がりや歩行が困難で、移動に介助が必要。 衣服の着脱や食事など、日常生活全般にわたって 介助が必要な場面が増える。認知機能の低下が進み、 物忘れや判断力の低下が見られる。
要介護3	日常生活の大部分において全面的な介助が必要な状態。	自力での移動が困難で、車椅子の使用や介助が必要。 入浴、トイレ、食事など、ほとんどの場面で介助が必要。 認知機能の低下が著しく、コミュニケーションや 意思表示が困難な場合がある。
要介護4	日常生活のほぼ全てにおいて全面的な介助が必要な状態。	ほとんどの動作が自力で行えず、常に介助が必要。 寝たきりに近い状態で、起き上がりや姿勢の保持が困難。 認知機能の低下が進み、意思疎通がほぼ不可能な場合がある。
要介護5	日常生活の全てにおいて全面的な介助が必要な状態。	完全に寝たきりで、自力での動作がほぼ不可能。 食事や排泄など、生命維持に関わる全ての場面で介助が必要。 認知機能が非常に低下し、意識がもうろうとしていることが多い。

います。

介護サービスの利用状況を把握するといかに深刻な問題なのかがわかります。

介護サービス利用者数は、２０２２年時点で、在宅サービスを利用している高齢者は約407万人、施設サービスを利用している高齢者は約96万人です。

介護サービスの提供体制は、介護施設の定員数は約350万人分であり、特別養護老人ホームや有料老人ホーム、デイサービスなど多様なサービスが提供されていますが、需要に追いついていない状況です。

将来の見通しは要介護者が増えることで圧倒的に人手不足になることが予想されています。

日本の高齢者人口は今後も増加し、２０４０年には65歳以上の人口が約３８００万人に達すると予測されています。

要介護（支援）認定者の将来推計

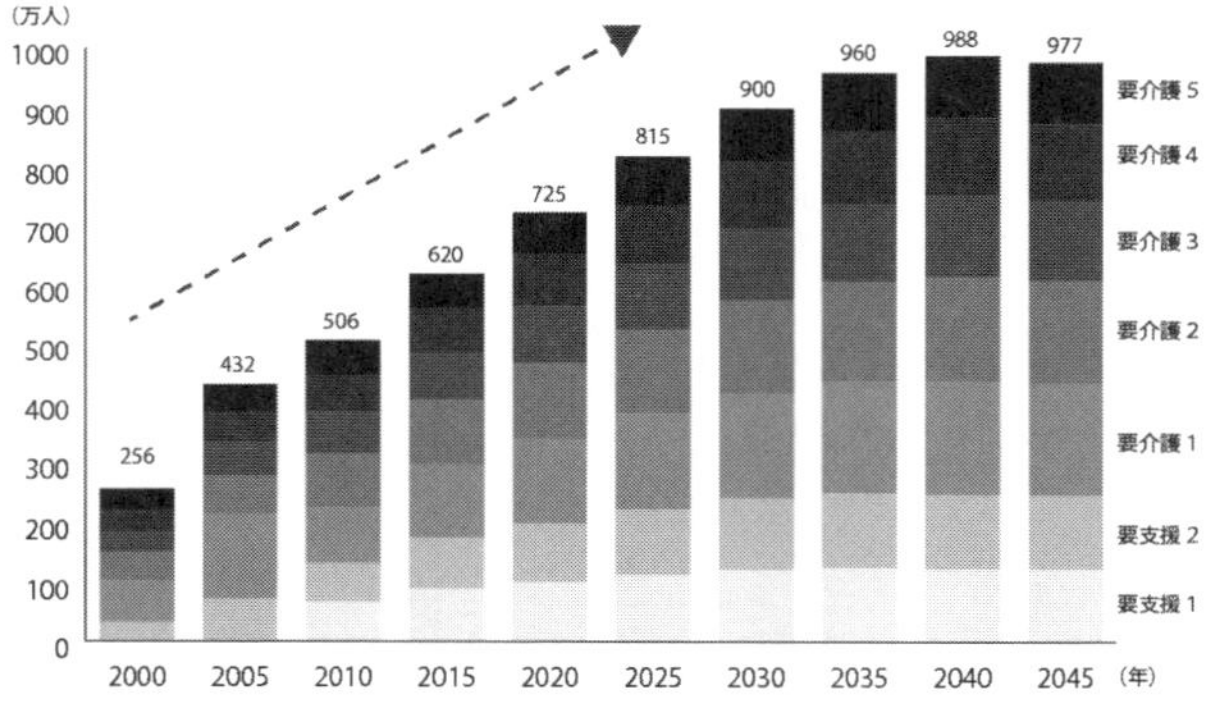

出典：経済産業省　将来の介護需給に対する高齢者ケアシステムに関する研究会

これに伴い、要介護者数も増加しつづけることが予想されます。

AIとロボットによって介護問題を解決するために必要なことをまとめたいと思います。

まずは介護スタッフの支援が必要です。

介護ロボットは、移動補助や持ち上げ補助、食事介助など、身体的負担の大きい作業を支援することが可能です。

これにより、介護スタッフの負担を軽減し、離職率の低下が期待されます。

例えばパワーアシストスーツは、介護スタッフが高齢者を持ち上げる際の負担を軽減し、腰痛の予防に役立ちます。

さらにAIによる業務管理もスタッフの不安を和らげます。AIを活用したシフト管理や業務割り当てシステムは、スタッフの労働時間を最適化し、過重労働を防ぎます。

AIシフト管理システムは、各スタッフのスキルや勤務状況を考慮して効率的にシフトを組み、適切な人員配置を実現します。

次に介護施設をAIで最適化することが必要です。AIによって入居者管理することができます。AIを用いた入居者の健康管理システムは、日々の健康状態をモニタリングし、異常が検知された場合には早期に対応することができます。これにより、施設の運営が効率化され、混雑を緩和します。

ウェアラブルデバイスを利用して入居者のバイタルサインをリアルタイムで監視し、必要なケアを即座に提供します。

そしてロボットによる施設運営の自動化が考えられます。掃除や食事の配膳、リネン交換などの施設運営に関わる業務をロボットが自動化することで、スタッフがケアに専念できる環境を整えます。

清掃ロボットは、施設内の清掃を自動で行い、スタッフの作業負担を軽減します。

そして高齢者ケアの質向上もAIで解決することができます。

認知症ケアロボットはすでに実用化されており、認知症高齢者に対して、コミュニケーションやリハビリをサポートするロボットを導入し、認知機能の維持・向上を図ります。

コミュニケーションロボットは、高齢者と対話しながら認知トレーニングを行い、認知機能の維持を支援します。

遠隔医療とリモートモニタリングができることで介護の質をあげることができます。AIを活用した遠隔医療プラットフォームにより、高齢者が自宅にいながら医療サービスを受けられる環境を整えます。また、リモートモニタリングによって、慢性疾患の管理が容易になります。

遠隔医療サービスは、医師がビデオ通話を通じて高齢者の健康状態を確認し、適切な治療を提供します。

そして最後に家庭での介護支援のサポートをすることができます。在宅で介護を行う家族を支援するロボットを導入し、食事や入浴、移動のサポートを行います。これにより、家族の介護負担を軽減します。

在宅介護ロボットは、高齢者の自立を支援し、日常生活の質を向上させます。

AIアシスタントを活用することもできます。AIアシスタントが介護に関するアドバイスを提供し、ケアプランの作成や健康管理を支援します。

AIアシスタントは、介護者に対して適切なケア方法を提案し、ストレスを軽減してくれます。

介護現場における人手不足、施設の混雑、高齢者増加による介護の問題は深刻ですが、AIとロボット技術の導入により、これらの課題を解決することが期待されています。

介護スタッフの負担軽減や業務の効率化、高齢者ケアの質の向上を実現するためには、これらの技術を積極的に活用し、持続可能な介護システムを構築することが重要です。

政府や民間企業が連携して技術の普及を支援し、介護現場の改善に努めることで、より多くの高齢者が安心して生活する社会が実現できるとされています。

繰り返しになりますが、日本は今、介護業の従事者や医師不足という深刻な問題に直面しています。

特に地方では、この問題が顕著であり、介護施設や医療現場での負担が増大しているのです。

これに加えて、日本の人口構成は少子高齢化により急速に変化しており、医療従事者や介護従事者の確保がますます難しくなっているのです。

さらにこの現実を変えることはできないと言われています。なぜなら若者が増えずに、高齢者が増える構造は変えることができないからです。

慢性的な人手不足はこれからもつづくことはほぼ確実なのです。

しかし、この問題を放置しているのが今の日本で、このままでは医療体制や介護体制が崩壊し、地域の人々の健康と命が危険にさらされることになります。

つまりこの問題を放置するということは、目の前で救える人が救えなくなることを意味するのです。医師不足はすぐには解決しないため、医師不足を補うために、AIとロボット技術の導入が求められているのです。AIやロボットが医療現場や介護現場で人間が行っていた作業を代行し、ミスなく、迅速に処理する時代がすでに到来しているのです。

例えば、AIが診断の精度を向上させることで、医師の負担を軽減し、遠隔医療が進展することで、地方でも質の高い医療サービスが提供されることはすでに可能なのです。

また、**ロボット技術が手術や患者のケアをサポートすることで、医師不足による現場の負担を**

大幅に軽減することができるのです。

もしAIロボットの導入を先送りにすれば、現場の医療スタッフは、すでに高齢化が進んでいる中で、今まで以上に長時間労働を強いられることになります。医師はすでに重労働をこなしてくれているのに、さらに長時間労働をさせるような状況がつづけば、医療現場の離職が増えるのは確実です。一層の人手不足に陥り、地域の医療サービスが崩壊する危険性が高まってしまうのです。

このままでは、日本全体が医療崩壊という危機に直面することになります。だからこそ今、私たちは危機感を持ち、AIロボットを活用した業務効率化を進めるべきなのです。**医療現場・介護現場での負担を軽減し、持続可能な医療体制を構築するためには、AIロボットの導入は避けられない選択なのです。**

日本の未来を守るために、今すぐ行動を起こしましょう。

共に、この困難を乗り越え、より良い医療体制・介護体制を築いていきましょう。そのためには今すぐAIロボットを現場に導入することが求められているのです。

【まとめ】

○AIロボットは、飲食、農業、物流、医療、介護など、さまざまな業界の問題を解決する。

○働く人数が減る中で、人手不足の解消、過重労働の軽減とサービス、生産性の向上を実現するには、AIロボットが必要不可欠である。

○AIロボットの活用は、若い世代が地方に根を張ることを可能にし地方創生の新たな形となる。

○全てAIロボットがやるという選択肢だけではなく、人がロボットと協業することもできる。

○AIロボットは何台でも量産することができるため、AIロボットの力を借りれば、持続可能な社会を築き上げることができる。

第3章

AIロボットの社会実装に向けたこれから

本章では、本格的にAIロボットが普及していくにあたっての問題点について述べたいと思います。このようにAIとロボットを組み合わせることは、さまざまな社会問題の解決策として期待されています。

これらのロボットは農業、製造業、医療、サービス業など多くの分野で活用され、労働力不足の解消、作業の効率化、品質の向上、安全性の向上など多くの利点をもたらしてくれるのはこれまで紹介したのでわかってくれたと思います。

正直メリットしかないのに、今AIロボットは全国的に大企業を除くとほとんど導入が進んでいない状況なのです。

進んでいない大きな要因は2つあります。

1つ目はロボットの価格の問題です。

2つ目はロボットに対する知識が少ないことです。

AIロボットの導入が進まない理由

AIロボットの導入には高額なコストが伴い、企業や個人が導入をためらう一因となっています。AIロボットの開発には高度な技術が必要であり、その結果として製造コストが高くなる傾向があります。ハードウェアやソフトウェアの設計、センサーやカメラ、プロセッサーの組み込みなど、高度な部品を使用するため、購入時の初期費用が高額になることが多いのです。この高額な初期導入コストは、中小企業や個人事業主にとって大きなハードルとなっています。

実際にAIロボットを導入している企業は、売上規模が数十億円とある企業ばかりというのが現状です。

日本は大企業用の産業ロボットに関してはいまだに世界トップシェアで、日本企業はロボットをつくる技術と生産台数は世界一位なのです。ただ個人事業主や中小零細企業に納品しているケースはほとんどないに等しいのです。

ほとんどが工場用のロボットか大企業向けロボットになっています。AIロボットの導入後も、定期的なメンテナンスやソフトウェアの更新が必要です。これには専門的な知識や技術を持ったスタッフのサポートが必要で、追加の運用コストが発生します。

また、ロボットの故障や不具合が発生した場合には、修理費用や部品交換費用が発生するため、長期的な運用コストも考慮する必要があるという説明をされると中小企業は導入に至らないのが現状なのです。

これによってどのようなことが起きるのか?

それはヒト・モノ・カネが全て揃っている**大企業だけロボットで効率化されていき、利益がどんどん生まれるということなのです。**

一方で人手が足りない中小企業がロボットによる効率化ができずに断念してしまうという状況になってしまっているのです。

強者がさらに能率がよくなって生産性があがる一方で、弱者である個人・中小零細企業は初期コストを負担できず、ただでさえ人手不足なのにロボットを導入できないのです。大企業がロボットでやっている作業を中小企業では人がやっているという状態になっているのです。

これまで繰り返し述べてきましたが、現在AIロボットが特に必要なのは、人手不足の業界(飲

食業界、物流業界、農業業界、介護業界、医療現場）なのです。

中小企業が運営しているサービス業では、すでに人手不足が大きな問題になってしまっています。AIロボットはこれまで述べてきたように多くの社会問題を解決できるだけでなく、効率化することで生産性を引き上げることができるようになっているのです。

必要なところにしっかり届いていないのは非常に大きな問題なのです。

ロボットに関しては政府が補助金や助成金を出しているじゃないかって意見も出てきそうですが、ここにも大きなミスマッチが起きています。

実際に政府はAIロボット技術の普及と産業競争力の強化を目的として、助成金や補助金を提供しています。製造業、物流業、介護業など、さまざまな業種が対象となっています。

しかし、これらの支援が中小企業に十分に届いていないという現状があります。

こういった助成金や補助金は大企業への支援になっており、大企業が高い申請成功率を誇っているのです。それもそのはずで大企業は専任の申請担当者や顧問を持つことが多く、助成金・補助金の申請に必要な書類作成や手続きを効率的に行うことができるからです。そのため、申請成功率が高く、実際に支援を受ける機会が多いのです。

では小規模零細企業や中小企業はどうかというと、ほとんどそういった助成金や補助金などを利用できていないのが現状なのです。

なんといっても申請が複雑なことがあげられます。助成金や補助金の申請には膨大な書類作成が必要であり、中小企業にとっては大きな負担となります。

限られた人員とリソースで申請書類を準備することは難しく、申請を断念するケースが多いのが現状なのです。さらには助成金や補助金の情報が圧倒的に少ないだけでなく書類をつくる上での情報の不足があります。

政府はHPなどで告知はしているのですが、**中小企業は、助成金や補助金に関する情報を十分に把握していない場合が多く、適切な支援を受ける機会を逃しています。**

繰り返しになりますが、大きな課題として書類作成の負担があげられます。助成金・補助金の申請には詳細な計画書、財務状況の報告、技術的な説明資料など、複雑で大量の書類が必要です。さらにそこに人的リソースを割くことができないという現状があります。膨大な書類を正しく書くのは専門スタッフでないと難しいです。ただでさえ人が足りないのですから、書類作成の専任スタッフをおくことは中小零細企業では無理なのです。

中小企業にとって、この負担は非常に大きく現実的ではないケースが多いのです。

書類を精度高くつくるには専門知識が必要で、一般のスタッフが資料をつくることはまず無理です。それくらい複雑な申請書になっております。技術的な知識だけでなく、法律的な知識もないと書類をつくることができません。

中小企業はこれらの知識を持つ専門人材が不足していることが多いのです。つまり申請自体が難しくなっているのです。

申請プロセスが複雑で、どのように進めればよいかがわかりにくいといった問題があります。これも中小企業の申請を妨げる要因となっています。さらに申請が複雑という自体が導入側の問題だけかと思いきや、審査する側も煩雑な資料に目を通して1つ1つ審査をしなければならないのです。

当たり前ですが、**専門的な資料が提出されるわけですから審査する側も専門スタッフが1つ1つ審査書類に目を通すという、双方にとっても負担が膨大になるというのが大きな問題なのです。**

専門スタッフが審査をするとなると審査期間が長期化します。なぜなら膨大な審査業務が必要であり多数の申請件数に1つ1つ目を通すからです。

助成金や補助金の申請件数は非常に多く、審査機関は膨大な量の書類を処理しなければなりません。さらに詳細な審査プロセスが設けられております。そして各申請書類は詳細に審査され、技術的な評価や財務的なチェックが行われるため、審査には時間がかかります。

それにより採用されてから支給されるまで、膨大な時間がかかるのです。

申請から支給までに数ヶ月以上かかることが一般的であり、企業の資金繰りに影響を与えることがあります。大手企業にとって資金繰りは問題にはなりませんが、零細中小企業にとっては、先に支払いが発生しているものに対して、行政側から支給が長引くと最悪のケースではキャッシュフローが枯渇して倒産の危機になってしまうことがあるのです。

中小企業の場合には専門スタッフが書類をつくっていないケースが多く、書類の不備や追加資料の要求などにより、審査が遅延することもあります。

場合によっては不採用というケースまであります。

審査スタッフも過重労働になっているケースが増えており、過労と長時間労働が大きな問題になっています。

専門知識がないと審査ができないため、審査スタッフの人数が不足しており、１人あたりの業務負担が大きくなっています。審査スタッフの労働環境を改善するためには、人員の増強や業務の効率化が求められます。こういった書類を紙ベースでやっているのは先進国ではかなり少ないケースなのです。

行政機関でのオンライン化について、日本は非常に遅れているのです。

解決策として申請手続きをオンラインで簡単に行えるシステムを導入し、書類の提出や進捗管理をデジタル化し、AIを活用する必要があるのです。申請書類の一次審査やデータチェックを自動化し、審査スタッフの負担を軽減してスムーズな支給を目指すなどが早急に求められるのです。

そして中小企業向けに政府や地方自治体が、助成金・補助金申請のサポートを行う専門家を派遣する制度を設けることで、申請書類の作成支援を行うなどがあげられますが、どれも現実的ではないと考えています。

なぜなら、**人手不足が起こっている現場ではとにかくそういった資料をつくったり調べたりする時間がないからです。専門家と打ち合わせをしたりする時間もないのです。**

また中小企業や農家の後継者不足に関しては、そもそもIT作業が苦手な人が多いのです。

種まきから収穫までほとんどの部分をAIロボットができる時代になっており、政府は助成金や補助金を出しております。

ですが、ただでさえ忙しい農家のスタッフが煩雑な助成金の申請書類に時間をさけると思いますか？

実際にどれだけの農家がスマート農業を導入しているのかご存じですか？

実は人手不足で悩んでいる農家は導入できていないという状態なのです。

なぜならば日本の農家の大多数は個人経営だからです。２０２０年の農林水産省のデータによると、日本には約175万戸の農家があります。個人農家の数が圧倒的に多く、全体の98％以上が個人農家であり、法人化された農家は２％未満となっています。前述した農業の後継者不足でとりあげたように、農業従事者は60歳以上の割合が80％以上という状況になっているのです。

今素晴らしい技術もロボットもあるのに、助成金や補助金などの書類をつくって申請をして審査を通過しないと受けられないといった悲惨な状態になっているのです。

ただでさえ、高齢でPC操作に慣れていない個人農家の方に専門的な知識をもった申請資料をつくれというのは、非現実的で酷な作業だということなのです。

個人農家は高齢化が進んでおり体力が限界を迎えてしまい年々引退をしてしまう状況なのです。

スマート農業に興味はありぜひ導入したいが、初期費用の問題と煩雑な申請書類がつくれないことで諦めているケースが圧倒的なのです。

繰り返しになりますが個人農家の方は後継者不足で現在進行形で悩んでいるのです。後継者がいなくなると農地が荒れてしまいます。

さらに**食料自給率が下がるだけでなく、地方衰退というのを加速させるのです。**政府や国が何か手を打たないと個人農家の方はどんどん体力の限界を迎えて農業をやめていってしまうのです。これは農業従事者の数が右肩下がりになってしまっているのをみれば一目瞭然です。

私は**この問題を解決するには、行政側でスマート農業に必要な器具を購入してそれを各農家にレンタルす**

農業経営体数の推移（全国）

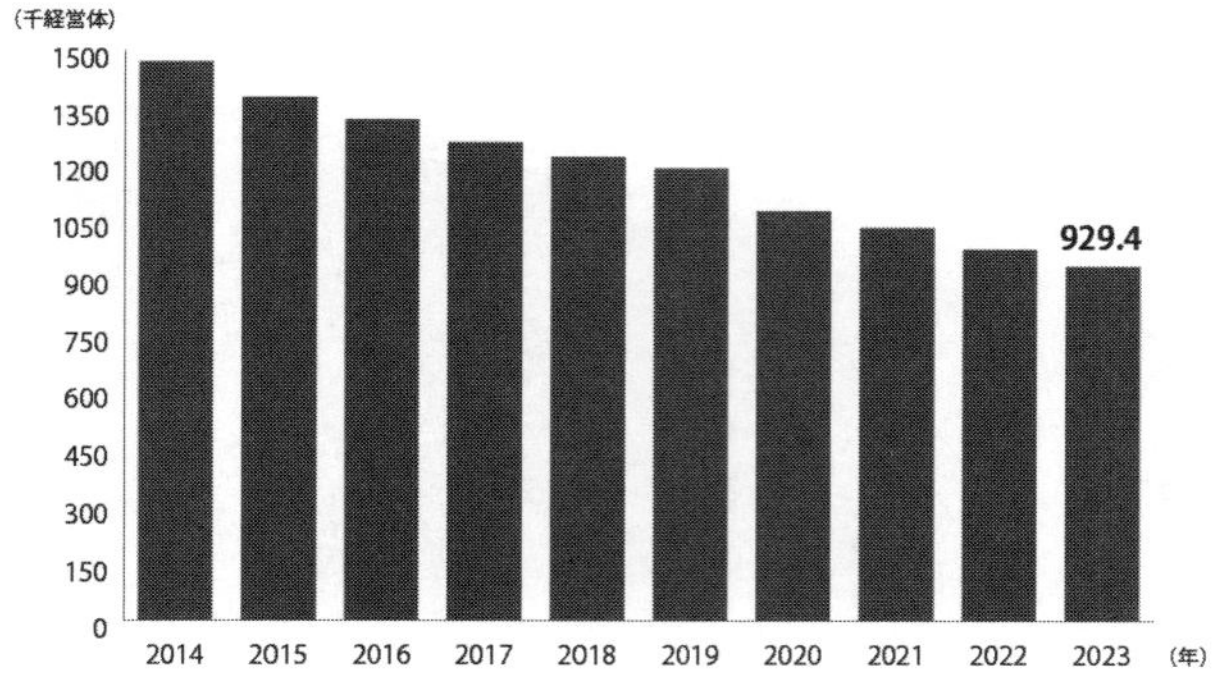

出典：農林水産省　令和５年農業構造動態調査結果

るのが良いと考えています。

農家の事務的な負担と経済的な負担を和らげたりすることができます。そして収穫量を大きくしてもらうことで一部のレンタル費用を回収するといったようなモデルが現実的だと考えています。

農家の方もレンタルであれば気軽に利用できますし、行政側も農家の方から感謝をされます。

さらに種まきや収穫などは常にロボットを稼働させるわけではないため、複数の農家にレンタルすることが可能になるのです。

現場ではとにかく初期費用が大きなハードルになっているので、これをクリアすることが重要になってきます。

それをできるのがサブスク（定額利用）だと当社は考えています。今、世の中で起こっているイノベーション（変革）の中で、素晴らしい発明と言われるのが月定額のサブスクでの利用になります。

今は高級車や高級バッグまでサブスクでレンタルできる時代になりました。

農家のケースでは行政が購入をしてもらい、それをサブスクで農家に貸し出すというアイディアを出しました。しかし行政側も高額な機器を買うというのが資金的に難しいという課題もあろうかと思います。

それを解決するため、当社ではメーカーから行政や農業支援団体へ機器をサブスクやリースし、格安で購入から導入ができるようにサポートをしています。

行政はそれを複数の農業従事者にレンタルしてもらうという流れです。

これにより、行政は安価な費用で機械を手に入れることができ、それを人手不足で悩んでいる農業従事者へレンタルしてもらうことでメーカーも出荷台数が増えます。

行政も後継者不足対策や過疎化対策になり、収穫量が増えることで食料問題も改善し、さらに税収も伸びます。

そして農業従事者は生産性が向上し、重労働から解放され、初期費用なしで導入できたことで行政に感謝することになると思います。これにより体力の限界で引退を考えていた農家の方の引退を延ばすことができるかもしれませんし、後継者候補が出てくるかもしれません。

行政が直接購入して、それを人手不足の農家にレンタルするビジネスモデルの場合、農家側も

膨大な資料をつくる必要がなく、行政側も無駄な資料を審査する必要がなくなります。

そして農家側も肉体的な負担が減り、収穫があがり、行政は後継者不足問題を解決することもでき、さらに収穫量が増えれば税収が増えます。

行政のそうした姿勢をみて、逆に都市部から地方へ移住してスマート農業ならやってみたいという若者も出てくるかもしれません。

まさに三方よしの状態になっているのです。

行政はすぐにでも動いてほしいと思っています。農業分野は素晴らしい技術がすでにあり、それを求めている人がいるのに、必要な人に必要なサービスが届いていないのです。

農家のサポートが求められている自治体はものすご

サブスクで多くの農家を救うことができる

メーカーから数万〜数十万円でレンタル、複数農家へ

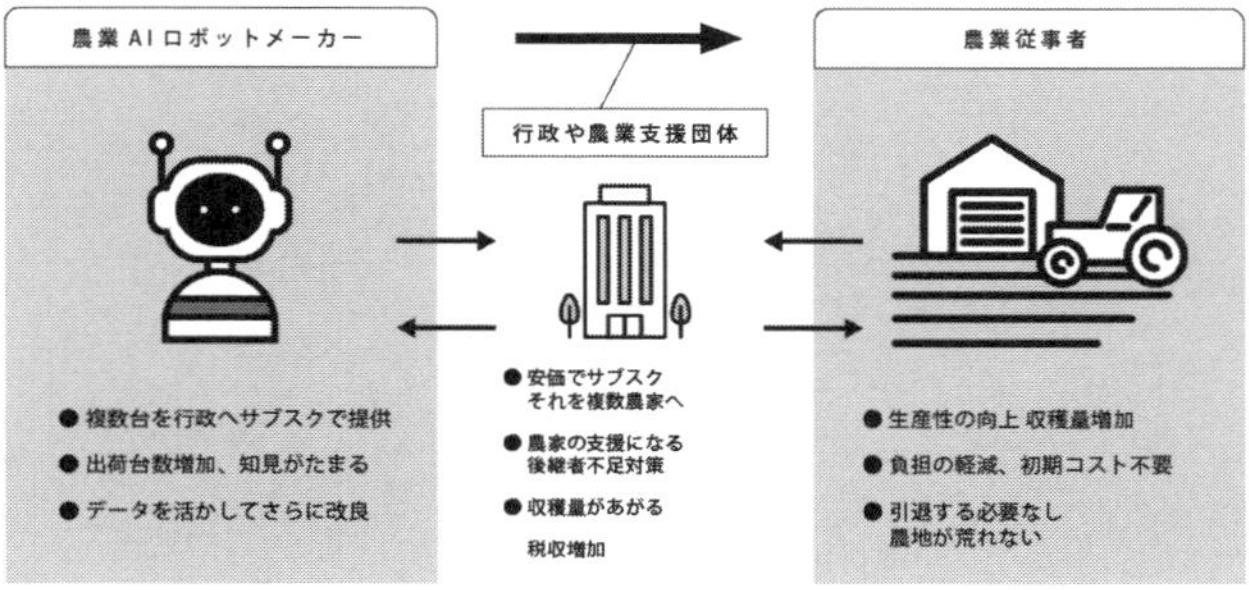

い数が存在しているのです。

行政がレンタルをして、それを必要なところへ届け、収穫してあがった収益から利用料をいただくビジネスモデルであれば全ての人にメリットがあるのです。

収穫量が増えることで、地産地消が進み、さらに日本全体の食料自給率を引き上げることもできるのです。

当社はAIロボットとサブスクを組み合わせたビジネスモデルでビジネス特許を申請しており、社会にイノベーションを興せると思っています。今回は農業について例をあげましたが、今やAIロボットは農業だけでなく、医療や介護、サービス業など幅広く人手不足が起きている現場で応用できる技術となっております。

そしてそういった人手不足の現場でも資金力のない企業ほど、AIロボットを必要としているのです。

必要な人は、今すぐ欲しいと思っているのです。

ただ、高くて導入ができていないのです。

行政はそういった現場に目を向けて、手を差しのべる時がきているのです。**もし行政が手を差しのべてあげればAIロボットの高額な導入コストを軽減するために、レンタルやサブスクリプションモデルを活用することができます。**企業は初期投資を抑えつつ、必要な時に必要なだけAI技術を利用することが可能になります。これまで述べてきたようにAIロボットは、社会問題の解決に向けた重要なツールとして多くの課題を解決できますが、高額なコストはその導入を妨げる大きな要因となっていました。

これを超えるのがサブスクなのです。

技術の進化や政府の支援、ビジネスモデルの工夫により、これらの課題を克服することで、AIロボットがより広範に活用される未来が期待されているのです。

世の中にAIロボットが溢れることで、社会全体の効率性と持続可能性が向上し、さらなる経済成長と福祉の向上に貢献することができるのです。

私どもは必要なところにAIロボットを届けられるようにサブスクサービスを提供していますので、お気軽にお問い合わせください。

ただ当社の力だけでは日本全国にAIロボットを行き渡らせるのは難しく、行政をはじめとした社会全体のサポートが必要なのです。

当社は1日でも早くその未来が来るように尽力します。
ぜひお力を貸してください。

https://az-ai-robot.com/contact/

このままでは日本はどんどん中小企業が倒産していく

ここまでさまざまな問題について取り上げてきましたが、**共通しているのは高齢化と圧倒的な人手不足です。**

それを解決するにはロボットと協業していくのが一番の方法であることを繰り返し述べてきましたが、現状そこに危機感を持っている人は少ないのが現状です。

いまだに人材募集広告を出しつづけ、これにより採用コストと教育コストは年々上昇しており、企業の収益に大きな影響を与えています。

今の状況が続き、このままロボットの力を借りずに突き進むと日本では間違いなく、人手不足が慢性的に発生します。

なぜなら出生数は年々下がっているので、根本問題が解決しないからです。仮に一時的に採用できたとしても、数年後にはまた人手不足で悩むようになるのです。特に地方は加速度的な人手不足に陥り、一気に衰退すると考えています。人口統計データをみても明らかですが、現役世代の人数はどんどん減っているのですから危機感を持たなければいけないのです。

当社はそんな現実が目の前まで迫ってしまっていることに誰よりも危機感を持っています。そしてそんな状況を打破したいと考えています。

人口が減るだけでなく、地方から都市部への集中は対策をしないと止まらないため、過疎化はこれから加速度的に進むことが予想されています。

問題はそれだけではありません。

若者が日本に魅力を感じられなくなったら、人口減少もさらに加速するのです。

社会保険料は増加して費用負担が増え、さらに高齢者を支えるために、介護施設や公共サービスに人は必要なのに常時労働力不足という状況が加速します。

経済成長により希望で溢れていた時代には、日本人は毎日明るい未来を想像して生活をしていました。今、負担は増えるというニュースは出るのに、負担が減るとか明るいニュースは出てきません。逆に老後不安をあおるような老後2000万円問題などのネガティブなニュースであふれているのです。将来が不安だから若いうちから積み立てをしておかないといけないと新 NISA や積み立て NISA の制度ができました。

しかし、政府は面倒を見切れないので、老後のために若いうちから自分で資産をつくってね、将来年金だけでは生活は難しいというメッセージだと捉えている若者も多いのです。

若い人が夢や目標、希望を持って生活できる社会をつくりたいということで私たちは会社を設立しました。

今若者は希望が持てなくなっており、精神的にまいってしまって鬱病になってしまう割合が年々増えているのです。悲しい現実なのですが、日本の人口は減っているのにメンタルで悩んで鬱病になってしまう人は年々増加をしているのです。

さらに一番悲しいのは、日本では若年層の死因の第一位が自殺という現状です。

悲しすぎます。日本に希望が持てずに自ら命を絶ってしまっているのです。行政は若者が希望を持てる社会を実現するために対策を立てていますが、現状は全然改善されていないのです。

日本では、10代、20代、30代の若年層における死因の上位に自殺が含まれているという深刻な現実があります。
それぞれの年代別の死因をまとめると次のようになります。

10代の死因：1位自殺

背景：学業や友人関係、家庭環境の問題など、さまざまな要因が自殺の原因とされています。特にいじめや学業のプレッシャー、良い大学や良い就職先を探さないといけないという精神的なストレスが大きな影響を及ぼしているとされています。

20代の死因：1位自殺

背景：就職活動や職場でのストレス、人間関係の問題、経済的なプレッシャーなどが原因とされています。社会に出るタイミングでのストレスが大きく影響しています。

日本における死因順位(年代別)【2022年】

	10代	20代	30代	40代
1位	自殺	自殺	自殺	悪性新生物（腫瘍）
	781人	1,615人	2,463人	6,329人
2位	不慮の事故	不慮の事故	悪性新生物（腫瘍）	自殺
	230人	345人	1,457人	3,570人
3位	悪性新生物（腫瘍）	悪性新生物（腫瘍）	心疾患	心疾患
	208人	195人	594人	2,414人

出典　厚生労働省　2022年人口動態統計

30代の死因：1位自殺
背景：仕事のプレッシャー、家庭の問題、経済的な問題などが原因とされています。特に職場での過重労働や精神的ストレスが大きな要因です。

自殺は全ての年代において主要な死因となっており、特に10代から30代の若年層において高い割合を占めています。日本における若年層の死因の上位に自殺が含まれている現状は深刻な問題です。

各年代において、自殺が主要な死因となっており、それぞれに対する具体的な対策が求められているのです。

メンタルヘルス支援や労働環境の改善など、若年層の命を守るための総合的な取り組みが進められているのですが、若者が未来に希望を見出せずにいるのです。とても悲しい現実なので１日でも早くこの問題を解決したいと考えています。若者が減って、労働人口が減ることで企業の後継ぎ問題も悪化します。

農家のケースと同じように後継者不足で会社を畳んでしまうというケースも増えているのです。

日本の全企業のうち、99%を占めているのが中小企業であり、その数は約336万社あります。中小企業は、まさに日本の未来を担う原動力なのです。

中小企業は国の経済を支える重要な存在にもかかわらず、中小企業の後継者不足と社長の高齢化問題は深刻です。

日本は中小企業が圧倒的な数を占めており、中小企業の元気がなくなると日本経済に大きな影響を与えるのです。

その現状と課題をまとめます。

まず、中小企業の社長の高齢化が問題となっており

日本の企業数

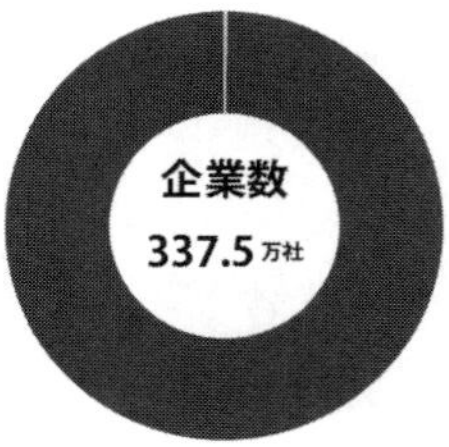

大企業

約 **1.3** 万社（0.3%）

中小企業

約 **336.5** 万社（99.7%）

出典：中小企業庁　「中小企業・小規模事業者の数 (2021 年 6 月時点) の集計結果を公表します」
https://www.chusho.meti.go.jp/koukai/chousa/chu_kigyocnt/2023/231213chukigyocnt.html

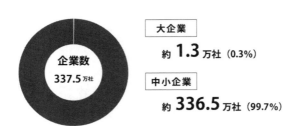

ます。

既に引退すべき年齢が到来しているのに、後継者不足によって引退できない状態になっているのです。

中小企業の経営者の平均年齢は年々上昇しており、現在では60歳を超えています。特に70歳以上の経営者も珍しくありません。

日本全体の高齢化が進む中で、中小企業の経営者も例外ではなく、引退を考える年齢に達している経営者が増えています。しかし後継者がみつからないため、現場に立っているという状況が起きているのです。

なぜ後継者がみつからないかというと、圧倒的な人材不足だからです。特に地方では若年層の人口減少が著しく、都市部への流出がつづいています。これにより、地元で企業を継ぐ若者が少なくなっています。

社長の平均年齢の推移

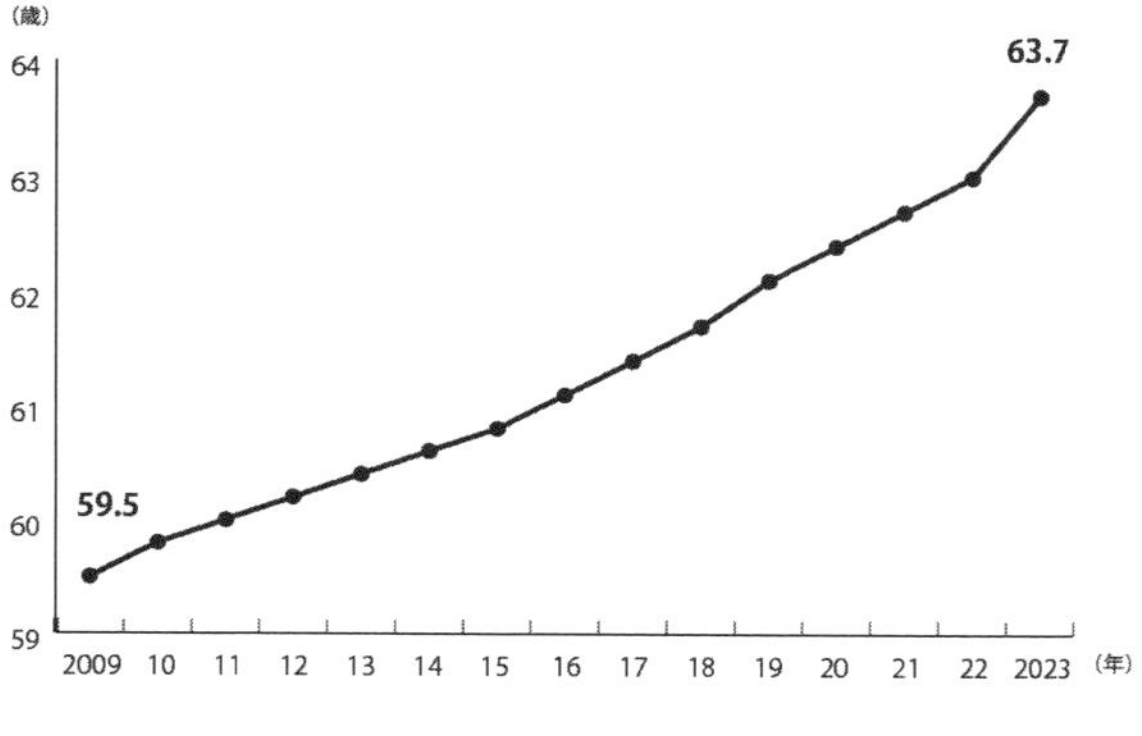

出典：東京商工リサーチ　全国社長の年齢調査

後継者の確保が困難で、結果として廃業を選んでしまう人が増えているのです。

中小企業の後継者としての意欲を持つ若者が減少しており、事業承継が進まない状況なのです。

経営の承継をするのが難しく、地方では後継者の育成が圧倒的に足りていないという現状があります。地方では特に経営者は自社の後継者を計画的に育成していないケースが多いのです。地方の経営者は常に雇用できると考えていたのですが、これが今はかなり難しい状態になっているのです。

実際には若者は地元に残らずに都心へ行ってしまうということが起きているのです。

これは地方の経営者にとって想定外の出来事であり、急な引退や健康問題に対応できないケースが増えてい

後継者の決定状況に対する回答
（60代経営者）

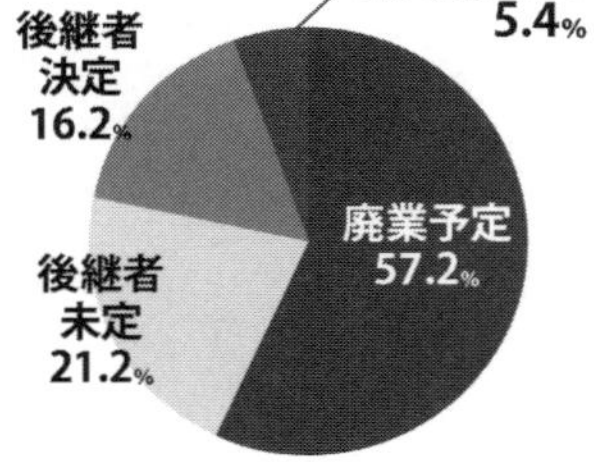

出典：日本政策金融公庫総合研究所「中小企業の事業承継に関するインターネット調査」の概要

るのです。

実際に**地方の中小企業の約65%が後継者不足に直面しており、全国平均よりも圧倒的に数字が高いのです。**

なんと3社のうち2社以上がこの問題に悩んでいるのです。

地方企業の重要性はいうまでもありません。地域経済の税収や雇用を支えているのです。地方の中小企業は地域経済を支える重要な役割を果たしております。地方の雇用の創出や地域社会の活性化に寄与しています。しかし、後継者不足により多くの企業が閉鎖に追い込まれているのです。

これが地域経済や雇用に深刻な影響を及ぼしているのです。

経営者のアンケートにもあるように**自ら廃業を選んでしまう人が60%近くいるのです。**

問題の背景には都市部に比べてインフラが整っていないことがあげられます。事業運営や人材確保が難しい状況にあるのです。さらに若者にとって魅力的な就労環境や生活環境が不足しているのです。そのため地方への定着が難しいのです。

また、もし新しい後継者がみつかったとしても、地方全体が過疎化になってしまうと、新しい採用ができません。

そのため結局は問題を先送りしただけになってしまいます。

地方経済全体が潤って、若者に地元に残ってもらうなどができない限り、いくら後継者をみつけてきても、早かれ遅かれ廃業の道を辿ってしまうのです。

後継者不足により、毎年約３万社の中小企業が廃業していると推定されています。

この傾向が続くと、**２０３０年までに約127万社が廃業する可能性があるとされています。**

特に地方では、企業の廃業が地域経済や雇用に与える影響が大きく、深刻な社会問題となっています。

中小企業・小規模事業者の経営者の2025年における年齢

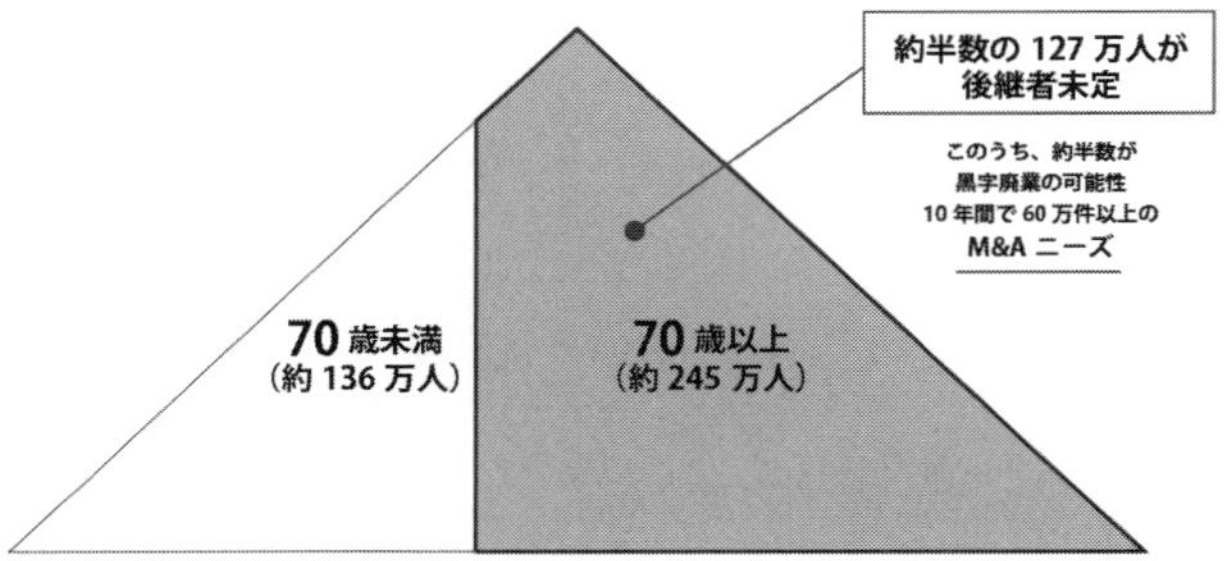

出典：中小企業庁　中小企業・小規模事業者におけるM&Aの現状と課題

中小企業・小規模事業者のうち経営者が**２０２５年に70歳を超える企業が約245万社あるとされており約半数に当たる127万社の後継者が未定なのです。**

さらにそのうち約60万社が黒字のまま休廃業・解散に追い込まれる恐れがあるとされています。

これにより約650万人の雇用と約22兆円の国内総生産が失われると試算されているのです。

日本経済のサプライチェーンの一翼を担う中小企業の廃業による大企業への影響を加味すると、経済的損失の大きさは計り知れないのです。

つまり**業績が良く地方の財政を支えていた企業が黒字のまま事業を閉じてしまうという状況が起ころうとしているのです。**

実はこの51・９%の休業を選ぶ黒字企業には、ある２つの共通点があります、まず１つ目は、新規のスタッ

黒字企業の廃業状況

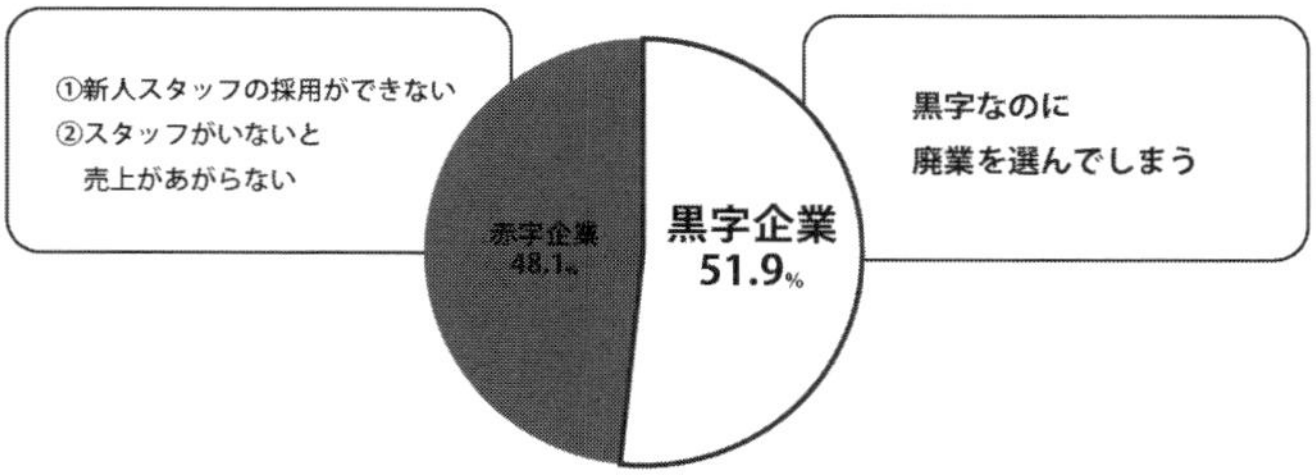
①新人スタッフの採用ができない
②スタッフがいないと
売上があがらない
赤字企業
48.1%
黒字企業
51.9%
黒字なのに
廃業を選んでしまう

出典：帝国データバンク　全国企業「休廃業・解散」動向調査　2023年

フが入ってこないという悩みを抱えているということです。私は上場してから全国でセミナーをして、中小企業の経営者の方とお話しをさせてもらうことが増えました。その中で一番悩まれているのは、やはり人が足りないという悩みなのです。

今この問題を抱えてない企業はないのではないかというほど、どの企業も人材採用ができないことで悩んでいるのです。

特に地方の中小企業であれば、人がほしいのになかなか集まらない、どうにかして募集したいと採用コストをかけているが一向に集まらない状況なのです。

会社は黒字であっても、新しいスタッフが採用できなければ、どんどんスタッフが高齢化で辞めていってしまい企業が継続していくことはできないのです。人材募集の広告を常に出しているのに集まらないと悩んでいる経営者が多いのです。

そして新規採用ができない状態が長くと、じゃあ**新規スタッフも募集できないから黒字であっても、黒字（状態がいい）の間に会社をやめてしまおうということで廃業を選んでしまうのです。**

そして2つ目の特徴ですが、スタッフがいないと売上があがらない業態のビジネスモデルであるというのがあげられます。

どういうことかというと、**人がいないと売上があがらないビジネス（いわゆる労働集約型ビジネス）であるということです。**

世の中にはストックビジネス（安定の収益があがるビジネスモデル）とフロービジネス（常に新規の顧客を獲得するビジネスモデル）の2つがあります。

ストックビジネスは、長期的な安定性を誇り、外的要因に強いという特徴があり、時間の経過と共に、売上や収益が安定し、企業にとって安心感をもたらします。

ストックビジネスとフロービジネス

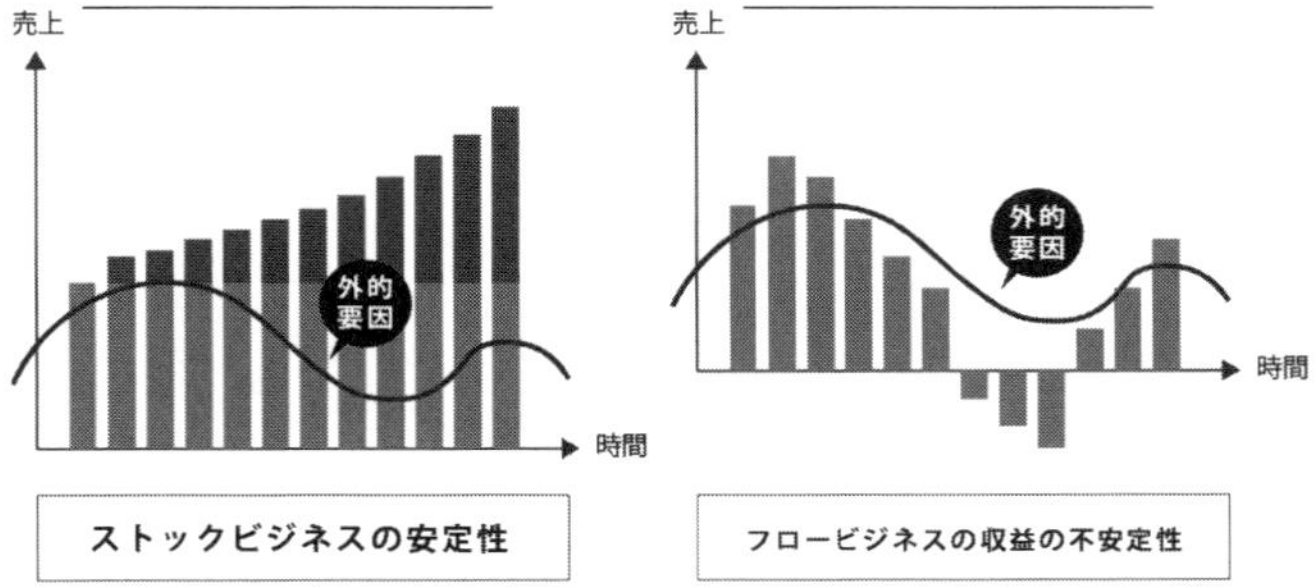

ストックビジネスは、安定した顧客からの継続した収益を確保することで、景気の変動や市場の変化にも柔軟に対応できるのが特徴です。

ストックビジネスはわかりやすくいうならリピートして何度も仕事をくれるビジネスであるということです。ストックビジネスであれば時間が経過するたびに取引先が増えていきますので、売上は右肩あがりに伸びていきます。

一方で、フロービジネスは全く異なる性質を持っております。その収益が常に新規顧客の獲得に依存しており、安定性を欠いています。毎月の売上は一歩先がみえない状態で、新規顧客を常に追いつづけなければ、収益はすぐに減少してしまいます。特に現在のように新規スタッフの採用が難しい状況では、フロービジネスは非常に厳しい現実に直面しているのです。

労働集約型のビジネスでは、売上の大部分がスタッフの働きに直接依存しています。

優秀なスタッフが辞めたら一気に売上が落ちてしまう。

つまり新しい人材が採用できないと売上が増えていかないのです。黒字企業で自ら廃業を選んでしまうところは、常に新規顧客を獲得しないと成り立たないビジネスをしているケースが多いのです。スタッフが採用できないと売上も衰退する一方となってしまいます。

飲食業、ホテル業、介護業、物流業界、倉庫業界などの慢性的に人手不足に悩んでいる企業は、スタッフが増えないと売上が増えない業態といえるのです。

飲食業もホテル業もお客様がいたとしても、スタッフがいないと売上が立ちません。介護業と物流業界と倉庫業界もお客様がいたとしても、スタッフがいないと売上を伸ばすことができないのです。

たとえ黒字企業であってもスタッフが慢性的に足りないと悩んでいたとしたら、スタッフ不足によって売上があがらない不安を抱えつづけることになります。

こういった状態がつづくことは将来の見通しが不透明だということを意味しているので、不安が消えることはないのです。

たとえ黒字であっても、毎月の収益が不安定で、常に新しい顧客を獲得しつづけなければならないプレッシャーにさらされている現状は、非常に過酷なものです。

人材不足で悩んでいる経営者は本当に多く、業績が仮に良かったとしても、すごいプレッシャーと戦っているのです。そして最後には年齢的にも精神的にも耐えられなくてギブアップをてしまいます。

ただ廃業するという道を選んでしまった場合、問題になるのは、その会社で働いている従業員の方なのです。**地方の中小企業がどんどん廃業してしまったら、その地域に住む方は働き先を失ってしまい、失業状態になってしまうのです。**

ここまで述べてきたように、経営者は高齢化を迎えております。

人材不足が続くなら、ここ数年から10年でたとえ黒字であってもどんどん廃業が加速する未来が待っているのです。

地方の中小企業が廃業になってしまうと、当たり前ですが地方の税収は減少します。

そして職がなくなった人は職を求めて都心部へ出て行ってしまうというサイクルとなってしまうのです。

地方の中小企業の廃業が増えると、地域経済の縮小や雇用機会の減少につながり、地域社会全体に悪影響を及ぼします。

これにより、さらなる人口減少と経済的な疲弊が進む可能性が高まります。

解決策としては経営者の意識改革を行い、計画的な後継者育成を行う必要があるとされています。経営者が早期に後継者をみつけ、計画的に育成する意識を持つことが重要とされています。

さらに一番必要とされるのは、若者へのアピールです。

地方での暮らしの魅力や企業のやりがいを積極的にアピールし、若者の関心を引く取り組みが必要です。

若者に魅力を感じてもらえなければ、後継者がみつかったとしても問題を先延ばしにしただけに過ぎなくなるからです。

地域経済の強化が求められ、地方の特色を活かした産業振興政策を推進し、地域経済を活性化させることで、企業の持続可能性を高める必要があります。若者が魅力を感じてくれるような交通や通信インフラを整備し、地方でのビジネス環境を改善するように努める必要があるのです。

コミュニティの強化と生活環境の改善は課題だといえます。若者が住みたいと思う魅力的な生活環境を整えるため、住宅、教育、医療などのインフラを充実させる必要があるのです。すでに地方公共団体は対策してきたはずですが、その結果が現在の状況となっているのです。

当社は後継者不足も根本は人手不足が原因となるため、これをAIとロボットで埋めてあげる必

要があると考えています。

なぜなら業務効率に関してはAIを使って効率化することができるからです。人手不足に関してはAIロボットを入れることで、人がやるべき作業以外をロボットに任せたりすることができます。サービス業や地域産業は多くの部分でAIロボットによって効率化することは可能な時代になってきているのです。

地方企業こそロボットを積極的に活用するべきなのです。

日本で特に地方で後継者がみつからない問題に関しては、人手不足という問題以外にもう1つ多くの問題があるとされています。

それは**個人保証や相続などの日本独自の制度上の問題**です。

日本では金融機関から融資を受ける際に、個人保証として社長が連帯保証で債務の責任を負うことになっています。つまり、金融機関の融資の個人保証まで後継者が引き受けなければならない制度になっているのです。

たとえ会社が黒字でも社長になったら債務の引き受けもしなければならないとなれば、誰も社長なんてやりたくないってなりますからね。

サブスクでAIロボットが溢れる未来の実現へ

ここまで日本の中小企業がいかに危機的な状況になっているか書いてきましたが、これは起きるかもしれないというレベルではありません。あと数年でどんどん現実化し、現在進行形で起きている非常に大きな問題なのです。

冒頭で消滅する可能性のある自治体が多いという数字をおみせしましたが、黒字企業までどんどん廃業してしまうという問題も同時進行で起きています。

特に地方ではそれが深刻にこれから進むのです。

実感のなかった方も数字をみればみるほど、やばい状況だと実感しているのではないでしょうか？

ここまでAIロボットが社会に与えるプラスの影響と社会課題を解決できることについて書いてきました。

すでに実用化され便利なAIロボットは存在しているのにもかかわらず、初期費用がハードルになっています。人手不足でさらに経営者が高齢で助成金などの申請もできず、地方では後継者不足で今のままでは衰退するしかない現実についても書いてきました。

日本企業の99％を占める日本経済の「屋台骨」である中小企業の維持・発展が、地域・日本経済の活性化につながるが、高齢化と人材不足が主な原因で大量廃業の危機を迎えているのです。

これまで書いてきたように、人とロボットが協業することがこれから絶対に必要なのです。なかにはAIロボットが雇用を奪ってしまうのではないかとネガティブに捉えている人がいますが、その考えは改める必要があります。今は人とAIロボットが協業して問題を解決する時代となっているのです。

この世の中は自力で変えられることと、変えられないことがあるのです。

人手不足（人口減少）は変えることのできない事実なのです。なぜなら人を一気に増やすことはできないからです。

一方変えられることがあります。

ロボットは何台でも増やすことができるのです。

ロボットは雑務をやってくれるだけでなく、今は売上までつくってくれる時代になっているのです。ここまでAIロボットは能率もあげてくれるし、人のサポートもしてくれるというのはお伝えしてきましたが、初期費用が数千万円もするため高すぎてほとんどが導入するまでに至っていないのです。

この大きな問題を超えられるのがAIロボットのサブスクのサービスになります。

サブスクで提供することのメリットとして低価格で導入ができること、さらにメンテナンスやサポート料金も全体料金に含まれていることがあげられます。

ロボットが地方全体から日本全体に溢れる未来を創るために必要なのはサブスクなのです。今までAIロボットの提供に関してはほとんどの企業が一括払いでした。当たり前ですが、一括払いをできる企業は限られてくるのです。実際に日本では産業用ロボットの価格は、3000万円以上しますが全て一括前払いです。これができるのは大企業のみです。中小企業では無理ですが、中小企業の方が人手不足に悩んでいるという大きな矛盾が起こっていました。

もし1台3000万円のロボットを10年でサブスクしたとしたらどうでしょう。

メンテナンス込み、年間1台あたり30万円で導入できるのです。

しかも購入したその日から即戦力として働いてくれる、さらに休憩なしで残業代も考える必要なしです。そして有給付与も必要なし、加えて出勤まで0分で交通費を支給する必要もありません。ボーナスを支給する必要もありません。当社も実際に日本で初のバリスタカフェロボットを購入しました。

売上をつくってくれるだけでなく、ロボットは休むことがないのでシフトの心配をする必要もなくなりました。

ちなみに当社が開発から携わったバリスタカフェロボットに関しても月額30万~40万円でサブスクレンタルを考えております。初期費用なし30万~40万円で即戦力でドリンクをつくってくれます。ボーナスも有給休暇も交通費も採用コストも教育コストも全て0です。24時間働いてくれますし、残業代もかかりません。

仮に30万円で30日12時間現場で稼働するとなると、1日あたり1万円で時給は830円という最低賃金以下で採用することができるのです。

AIバリスタロボットに興味がある方は下記からご相談ください。

https://az-ai-robot.com/contact/

AIバリスタロボットは、日に日に能率よく作業をしてくれるようになり、お客様と会話までするることができるのです。

さらにロボットが珍しいということで話題性も集客効果もあるのです。

なんといってもAIロボットが全て自動で決済から提供までワンストップで行ってくれるのですから。

当社はサブスクとAIロボットを組み合わせることで社会にAIロボット革命が起こせると考えています。

サブスクを利用するメリットは初期費用を抑えられるだけではありません。

AIロボットが効率よく動くようになると言いましたが、もう1つの大きなメリットを秘めているのです。

当社はAIロボットに関して製造業、小売業、福祉、医療、物流、ホスピタリティ、農業、建設、セキュリティ、サービス業など複数の分野とサブスクを組み合わせるビジネスモデルについてビジネス特許を出願しています（ロボット制御AI導入の支援装置：特願2024-129972）。

AIロボットとサブスクを組み合わせることでどのようなことが変わるのでしょうか。これまでAIは自ら学習して、賢くなっていくという特徴をもっていると書いてきました。

実はこれが大きなメリットとなるのです。

サブスクでAIロボットが現場で活躍することになると、現場でのデータなどがどんどんたまっていくのです。AIは賢いのでどんどん効率良く行動するようになっていくのです。**ロボットは決められたことをやるのではなく、AIにより自分で考えて効率良く動くようになるのです。**

当社のバリスタカフェロボットもそうですが、実際にお客様と会話をして男性や女性でセールスする順番を変えたりすることができます。子供向けには話すトー

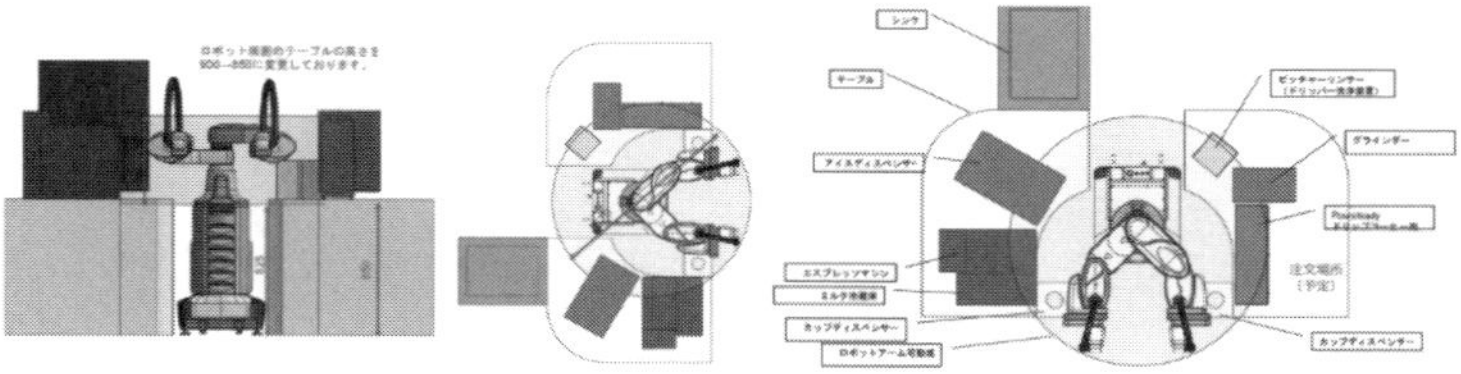

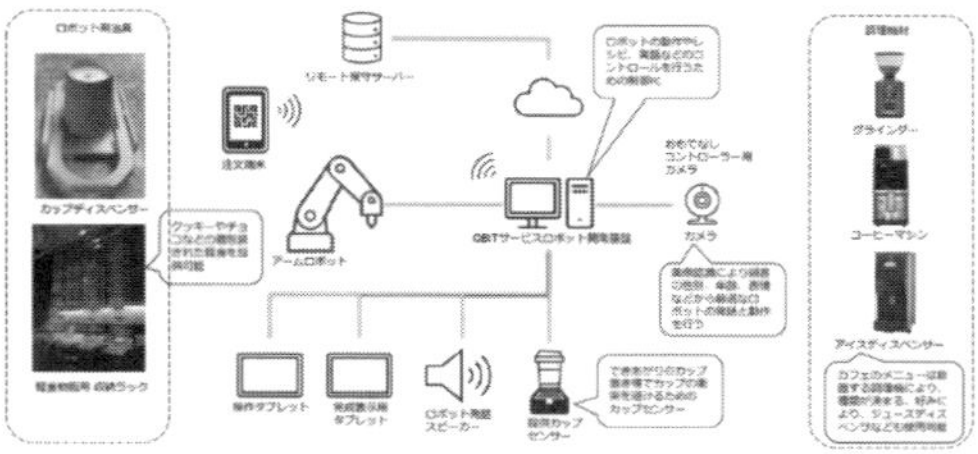

ンや順番を変えたりすることもでき、自動で賢くなっていきます。
これによって売上が最大化されるだけでなく、会話内容もブラッシュアップされていくのです。

つまり何がいいたいかというと、**サブスクで現場に出て行ったAIロボットはどんどん賢くなって能率の良い作業をするようになるのです。**

現場で稼働する時間が長ければ長いだけ、ベテラン社員のようにどんどん業務を能率よくこなすようになるのです。どんどん能率よく働いてくれるのであれば、仮に正社員であれば毎年報酬をアップしなければなりませんが、ロボットには昇給もありません。文句もいわずにしっかりとどんどん自分で賢くなってくれて仕事をしてくれるのです。

AIロボットはまさに神スタッフなのです。

農業のAIロボットであれば収穫の際に、このトマトは明日の方が糖度が高そうだ、数時間待てばもっと色が鮮やかになるからその時に収穫しようと判断することができます。さらに天候をAIが予測して、大雨がきてしまうからその前に収穫したほうがよいと自分で判断して収穫が可能になるのです。AIロボットは現場の経験を重ねることで性能があがっていくのです。

AIロボットのサブスクはただのレンタルではなく、経験を積むことでどんどん使い勝手がよくなるということなのです。新品でレンタルしたロボットよりも、現場で活躍していたAIロボットの方が賢くなっているということなのです。実社会にあてはめるなら、新卒のスタッフを採用するのがいいのか、それとも経験もノウハウもある中途社員を採用するのかといったようなイメージです。

現場で即戦力で働いてもらうなら、働いた経験があるAIロボットの方が生産性は高いのです。

AIロボットとサブスクを組み合わせることで2つのメリットがあります。

１つのメリットは、定額・低価格で１人を採用するようにロボットを使うことができて、即戦力として現場で売上をつくってくれる。

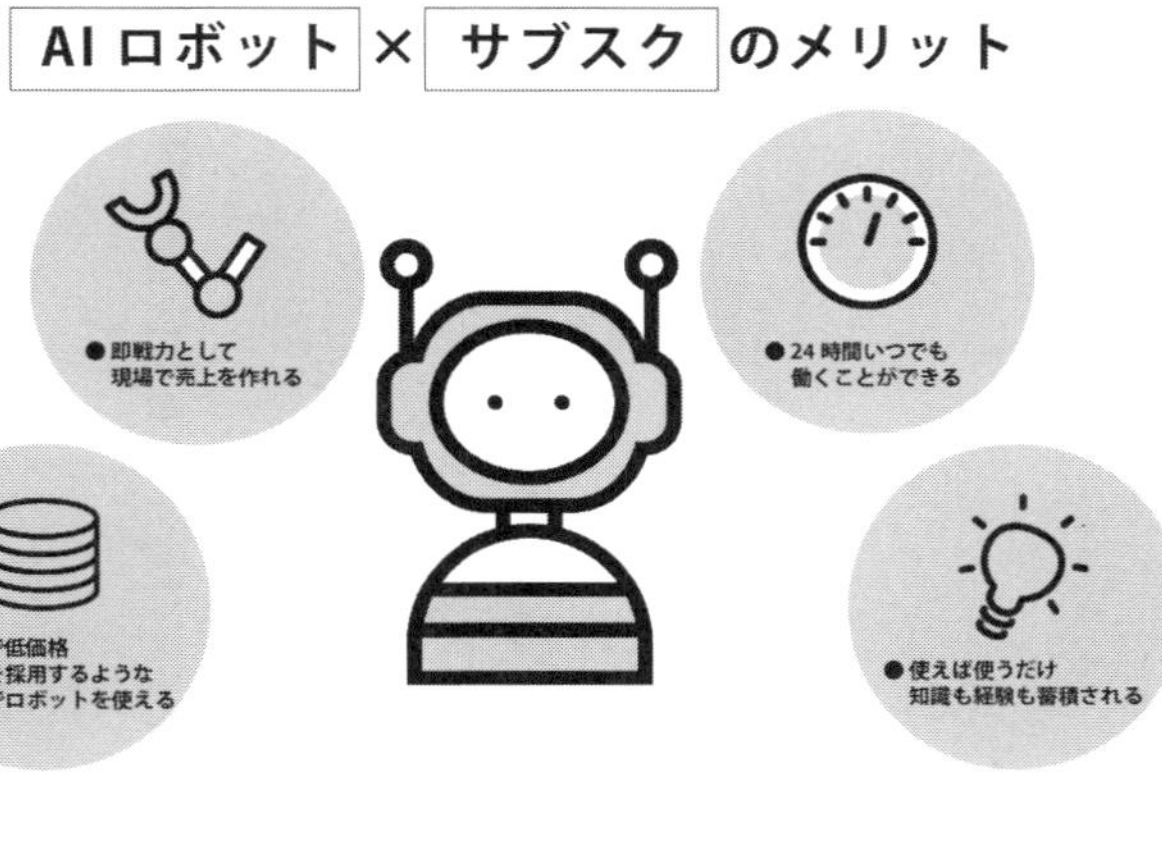
● 定額で低価格
● 1人を採用するような
価格でロボットを使える

さらに絶対に休まないスタッフとして24時間いつでもシフトを守って働きつづけてくれるということです。

そしてもう1つのメリットは現場で使えば使うだけ知識も経験もAIロボットに蓄積していくということなのです。

つまり長く使えば使うほど能率があがっていくのです（ロボットの能力と効率が向上しても昇給もなければ給与があがることもありません）。

当社はこのサブスクを組み合わせたビジネスモデルでビジネスモデル特許を取得しています。

そして**AIロボットとサブスクを組み合わせることで、人手不足に革命を起こせると思っています。**

日本には素晴らしいAIロボットがたくさん存在しています。

しかしそのほとんどは知られていないため、売れていないのです。

サブスクを組み合わせて世の中に大量に流通させることができれば、ボリュームディスカウントが可能となります。それによりロボットの価格がさらに下がることが予想されております。サブスクで価格が下がると、それを導入したいという人が増えるというプラスのサイクルにすることができます。

技術的な面はさまざまなイノベーションによって着実に進むことが予想されますが、素晴らしい技術も買う人がいなければその商品は世に広まりません。

本書を読んで、AIロボットがいかにイノベーションの可能性を秘めているか少しずつわかってきたのではないでしょうか?

じゃあAIロボットをうちにも導入したいとなった場合に、どれを導入したらいいのか、サブスク化した場合にはどれくらい費用がかかるのかわからない人が多いかと思います。

そういった人の相談相手になって、適材適所でロボットを選定して、そのAIロボットを少しでも安価なサブスクで提供するという社会を実現するため当社を設立しました。

冒頭で少し触れましたが、私新井はサブスクを組み合わせた会社で実際に東京証券取引所へ新規上場しました。サブスクビジネスのサポート実績も数百億という実績があります。今回AIロボットをサブスクで提供して社会貢献することを掲げています。**労働力不足・人手不足に即戦力となるAIロボットは日本を救うと本気で思っています。**

そしてロボットメーカーと必要としている企業の架け橋になれるような存在になりたいと考えています。

もしAIロボットのサブスク導入を考えているのであればお気軽にご相談ください。

世の中で必要とされている中小企業に安価で即戦力となるAIロボットを提供することで、社会問題を解決し、社会全体が豊かになれると信じております。

https://az-ai-robot.com/contact/

日本のAIロボットはどこまで進化しているのか

ロボットが全ての業務を行うレストランがあるのをご存じですか？

川崎重工は完全ロボットによるレストランを２０２２年4月20日に東京の空の玄関口である羽田空港エリアにオープンしました。この場所はロボットが調理した料理をロボットが配膳して、お客様のテーブルまで運ぶ新しいスタイルのレストランの形を提案する実証施設です。

Future Lab HANEDA は従来の公開施設とは違い、一般の人や研究者、企業関係者などが一体になってロボットに触れ、学び、活用し、進化を促そうとするオープンイノベーションの場となっています。

川崎重工が、完全無人のロボットレストランを運営しているのです。実証実験施設としたスタートした無人レストランですが、ロボットと触れ合える新名所として外国人やお子様に大人気の施設となっております。

https://youtu.be/jV5ni3h7Z7Y?si=UujVNcnpoV16ySL9　https://kawasakirobotics.com/jp-sp/future-lab-haneda/

このレストランは、最新のロボット技術を活用し、調理から配膳、片付けまで全ての工程をロボットが担当しています。

来店客は、タブレット端末を使って注文を行い、調理が完了すると、ロボットが料理をテーブルまで運びます。このレストランは、川崎重工が開発した多様なロボット技術を実用化したものであり、特に産業用ロボットの技術が応用されています。

厨房では、ロボットが正確に食材を調理し、人間が行う作業を完全に再現しているのです。ロボットがつくったものを配膳ロボットがお客様へ届けるというスタイルになっております。サービスロボットが店内を移動し、注文品を安全かつ迅速に配膳する光景はまさに近未来のレストランの形をみせてくれているのです。

出典：川崎重工業株式会社 HP より

無人レストランは、人手不足に対応し、労働コストを削減する画期的なモデルです。特にサービス業界における人手不足が深刻化する中で、ロボットレストランは効率的な運営を可能にすることが期待されています。

さらにロボットによるコスト削減を実現するだけでなく、売上をつくることができる仕組みとして注目をされているのです。完全なロボットによるサービスは、エンターテインメント性や未来感を提供し、顧客に新しい体験をもたらします。

観光地としての価値を高め、特に国際的な観光客に対して日本の技術の高さをアピールする場となることが期待されているのです。

ロボットの動作データや顧客の行動データを蓄積・分析することで、サービスの最適化や新たなマーケティング戦略の構築が可能とされています。さらにAI技術と組み合わせることで、より個別化されたサービスの提供が可能になります。

川崎重工のロボットレストランは、最新の技術を実社会に応用した例として、飲食業界における大きなイノベーションを提案するものとなっています。

労働力の不足が深刻化する中で、効率化と新しい顧客体験の提供を両立させるモデルとして注目されており、今後の技術進化や他業界への展開が期待されているのです。

人手の確保が難しい時代になることが確実なため、少ない人数で運営できるのは素晴らしいことと思います。川崎重工の無人レストランは完全にロボットの新しい形を提案していますが、無人ではなく、任せられるところをロボットに任せているのです。

コアな部分だけは数名でレストランを運営するというのは新しい形だと思います（完全無人レストランではありますが、実証実験用施設のため、現地スタッフは常駐しています）。

実証実験施設のため、役目を終えると閉鎖する可能性もありますので、興味がある方はお早めに体験してみてください。

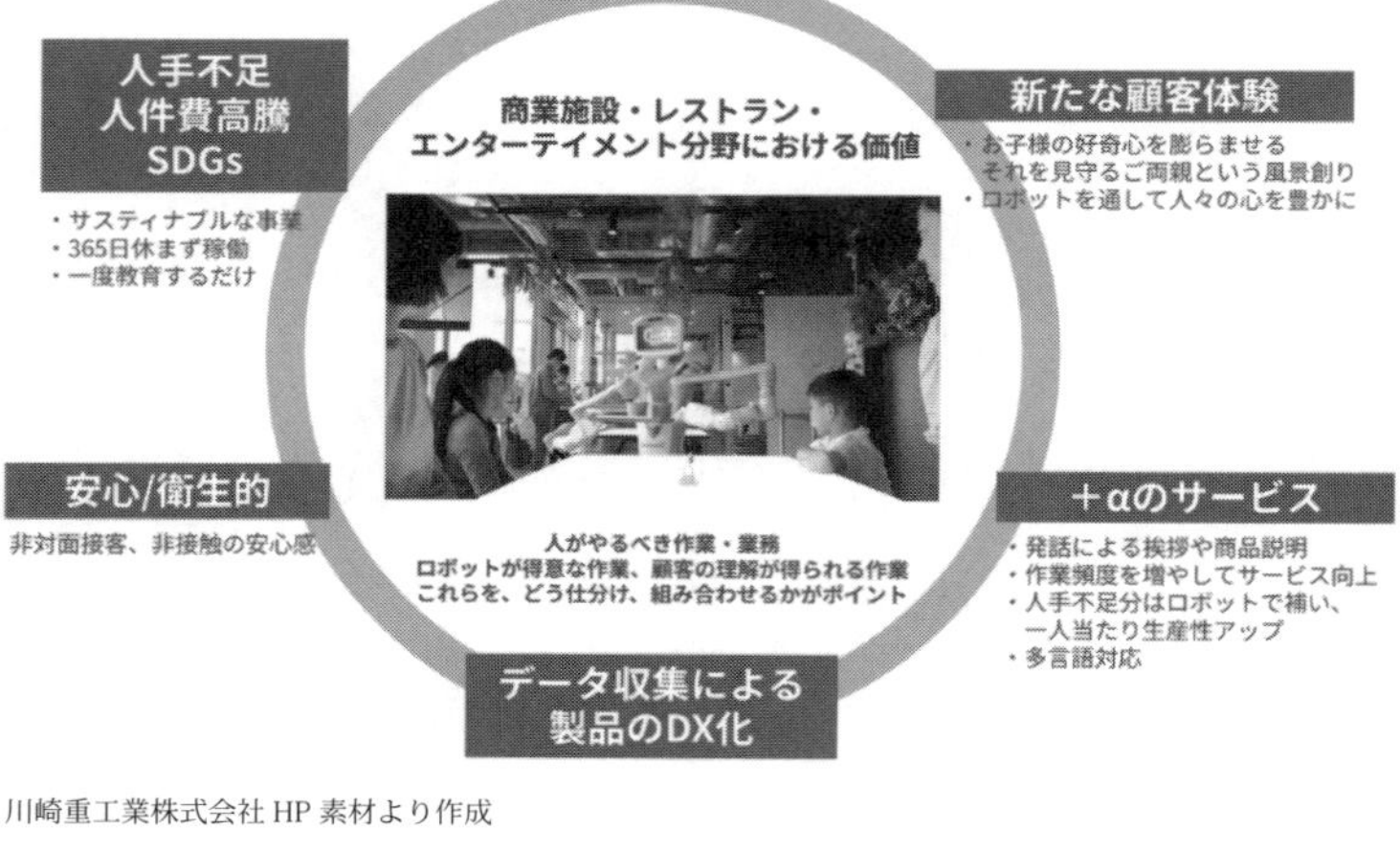

川崎重工業株式会社 HP 素材より作成

つづいて当社が行っている試み、１名で運営ができるロボットトラックカフェについての紹介です。

キッチンカーはコロナ禍で注目を集めました。なんといっても敷金や保証金などが初期投資として必要がなく、初期費用が少なくすみます。さらにイベントスペースやオフィス街などに移動することができるので、人が集まるところに出店もできるのです。

当社は日本で初めて両手で動くバリスタとドリンクを提供するAIロボットを開発し実際に提供しています。

実際にどこに提供しているかというとAIバリスタカフェロボットをトラックの荷台に搭載して、キッチントラックとして営業をしています。

トラックカフェでは料理をつくれるドライバーさん

が1名いれば営業できます。しかも料理提供に専念することができるのです。

ロボットが全自動でドリンク提供から決済までやってくれてしまいます。さらにいいことにトラックの荷台でロボットが動いているカフェは日本初なので話題性が集まって集客に困りません。外国人からお子様まで集まってきてくれます。

その隣でフードの提供や商品販売をすることで安定収益をあげることができるのです。ロボットトラックカフェは人手不足・人件費の高騰を解決できるだけではありません。売上をつくることができ、さらに話題性の創出をすることができるのです。人が集まることで地域特産の商品が売れたりしますし、地域創生にも貢献できるビジネスモデルです。

従来は数名いなければ、ビジネスとして成り立ちませんでしたが、ドライバーがいれば成り立つビジネス

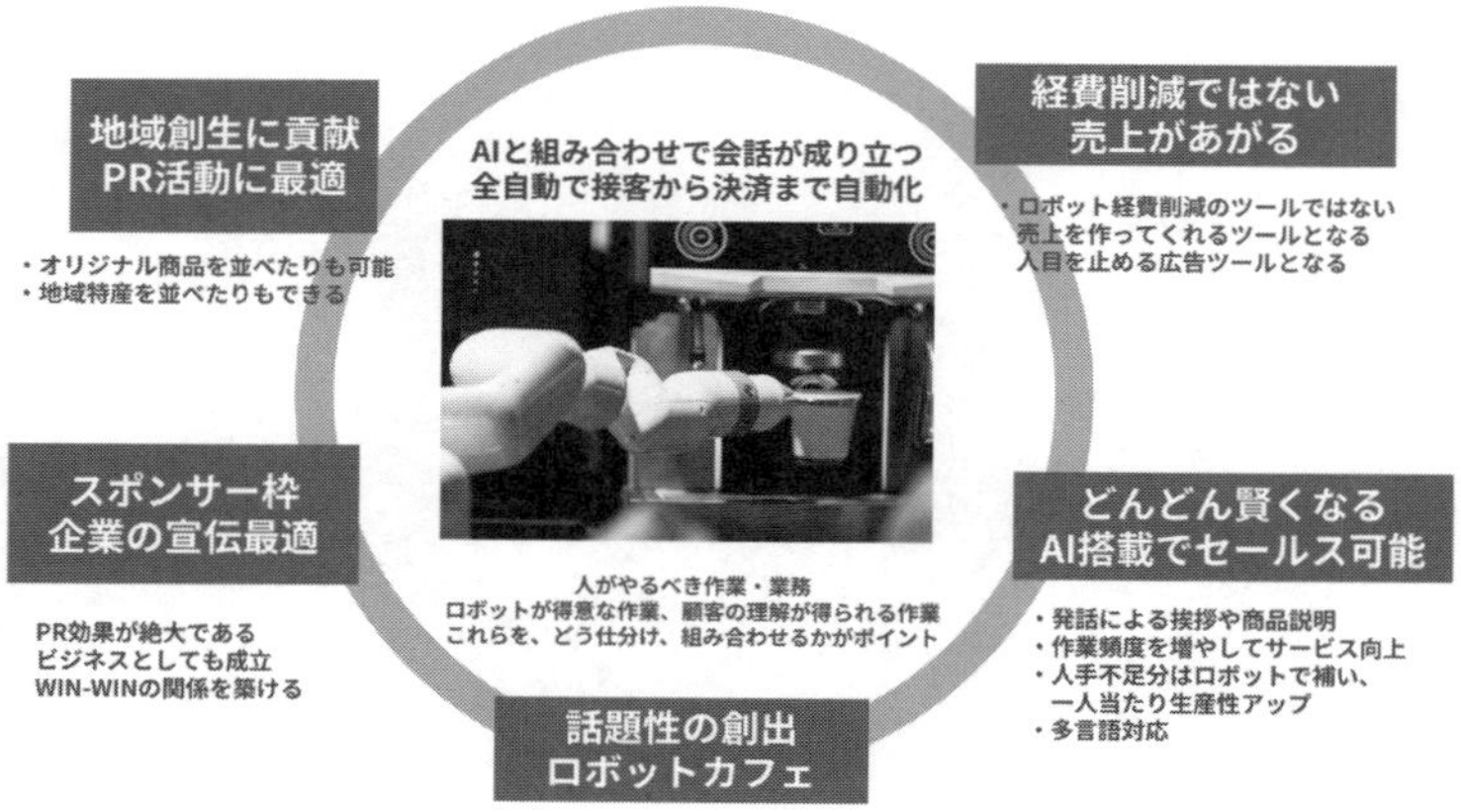
AIと組み合わせで会話が成り立つ
全自動で接客から決済まで自動化
人がやるべき作業・業務
ロボットが得意な作業、顧客の理解が得られる作業
これらを、どう仕分け、組み合わせるかがポイント
経費削減ではない
売上があがる
・ロボット経費削減のツールではない
売上を作ってくれるツールとなる
人目を止める広告ツールとなる
どんどん賢くなる
AI搭載でセールス可能
・発話による挨拶や商品説明
・作業頻度を増やしてサービス向上
・人手不足分はロボットで補い、
一人当たり生産性アップ
・多言語対応
話題性の創出
ロボットカフェ
スポンサー枠
企業の宣伝最適
PR効果が絶大である
ビジネスとしても成立
WIN-WINの関係を築ける
地域創生に貢献
PR活動に最適
・オリジナル商品を並べたりも可能
・地域特産を並べたりもできる

モデルとなっています。

フードではなく物販の提供であれば料理をつくる必要もありません。そして、お弁当やサンドイッチなどすでに料理済みの食べ物を販売するのであれば、料理経験者でなくてもできるのです。

すごい時代になったものです。

またドリンクを提供できるロボットは災害時に被災地で活躍することができ、社会貢献することもできるのです。

一緒にロボットトラックカフェをやりたいというパートナーを募集しています。少人数で運営できて社会貢献もできる素晴らしいビジネスモデルとなっています。

ぜひ気軽にお問い合わせください。

https://az-ai-robot.com/contact/

次に紹介する事例は全てロボットが業務を行うホテルです。

HISが運営を行っている変なホテルです。

有名なホテルなのですでに宿泊したことがある人がいるかもしれませんね。宿泊業界ではHISが「変なホテル」と題して、世界初のロボットホテルを開業しました。

変なホテルの最大の特徴は、受付業務を全てロボットが行うことです。

恐竜型のロボットや人型ロボットがフロントでのチェックイン、チェックアウトを担当しており、訪れる人々に新しい体験を提供しています。さらにホテル内では、清掃や荷物運搬もロボットが担当しており、人手を最小限に抑えた運営が実現されています。

これにより、24時間体制で効率的なサービス提供が

可能となっています。環境にも配慮した設計がなされており、エネルギー効率の高い設備や省エネ技術が導入されているのです。

ホテル業界では、インバウンドの需要増で、宿泊客の獲得は右肩あがりです。

一方でサービスを提供する人材の不足という課題に直面しています。

ホテル業、飲食店をはじめ、サービス業は全て人手不足で悩んでいるのですが、これに革命を与えているのがAIロボットなのです。日本の成長産業を支えるのもこれからはAIロボットの時代なのです。変なホテルは、その革新的なコンセプトが外国人観光客に非常に好評です。ロボットによる受付という非日常的な体験は、観光の一部として楽しむことができ、多くの外国

人旅行者がSNSなどでその体験をシェアしています。

外国人が来るホテルの受付は多言語対応ができるスタッフが必要です。

ホテル業界では人材採用が大変で、ここにかかる採用コスト、さらにホテルの業務を教える教育コストが膨大に必要な状態となっています（現在も大手ホテルでは人材募集を常に求人媒体でしております）。

AIロボットは多言語対応しており、英語や中国語や韓国語など、さまざまな言語で案内やチェックイン手続きを行うことができます。

これにより、言語の壁がある外国人旅行者でも安心して利用でき、多くの外国人旅行者から「ユニーク」「未来的」などとオンラインレビューサイトでも高い評価を得ています。特に家族連れや技術に興味のある旅行者に人気があります。今後、AIとロボティクス技術がさらに進化することで、より高度なサービスの提供が可能になると考えられます。例えば、個別化された接客や、AIによるリアルタイムでのトラブル対応などがあげられます。

ホテル業界でAIロボットを使うことのメリットは24時間働いてくれるところにあります。

AIロボットは受付業務を24時間、しかも的確に行ってくれるのです。さらにAIを搭載しているので、実際の現場のデータがたまっていくのです。それを最適化させてブラッシュアップしていくことができてしまうのです。

変なホテルのコンセプトは、日本国内にとどまらず、海外展開の可能性も秘めています。特にテクノロジーが進んだ地域や観光業が盛んな都市での展開は、多くの観光客を引きつけるでしょう。

労働力不足が世界的な課題となっている中で、変なホテルのような省力化モデルは、多くのホテルチェーンや観光業界にとって魅力的な選択肢となります。

将来的には、このモデルが標準化される可能性もあります。なんとシフトに入る社員はたった2名。1ホテルあたり7～8名体制が普通なので、通常の3分の1以下で運営できているのは素晴らしいです。

さらに海外展開も行っており、２０２１年には韓国ソウル、米国ニューヨークに初進出、いずれもアクセスのいい都市や観光地にあります。

首都圏ではレジャーとビジネス利用が半々の割合だそうですが、ロボットがサービスを行うので話題性があり稼働率も非常に高いとのことです。

ロボットを導入したのは、単に泊まるだけではなく滞在を楽しむエンターテインメント性と、生産性向上の両方を実現するためだといいます。100室のホテルで従業員が7名いれば運営することができる（通常同規模であれば30名のスタッフ体制が必要）変なホテルはそのユニークさと技術の先進性で、特に外国人観光客に高く評価されています。今後も技術の進化とともに、さらなる多様なサービスを提供することで、その存在感を一層高めていくことが期待されます。

これらの例のように、ホテル業や飲食業などのサービスでAIロボットを活用した運用ができる時代がやってきているのです。

これは日本で進む少子化の問題を解決するだけでなく、日本の素晴らしい技術を世界へ発信するチャンスと捉えるべきでしょう。

現在も多くの外国人観光客が来日しています。日本のAIロボット技術を発信するために、日本全国でこういったサービスが普及することが日本経済を再び復活させるプラスの要因になると考えています。AIロボットは日本が世界に誇れるすごいコンテンツなのです。

このコンテンツの素晴らしさをぜひ書籍を読んでくれた方には届けたいのです。日本のサービス業は、今まさに深刻な人手不足に直面しております。さらに、高齢化が同時に進んでいるので労働人口自体が急速に減るのは避けられません。

今悩んでいない方も、これから加速度的に人手不足が深刻化していくことが予想されます。

労働力が限られている中で、従来のサービス提供の形態を維持することはますます困難になり、サービス業全体が危機を迎えます。

しかし、私たちの未来には新しい希望がみえており、AIロボットの導入がその解決策となるのです。今や、AIロボットを活用することで、無人でのサービス提供が現実のものとなりつつあり、当社が提供するAIロボットカフェマシーンや、ホテルの完全無人受付など、これまで人が対応していた業務を、全てAIロボットが担う時代が到来しています。

この技術革新は、単なる効率化に留まらず、日本がこれから迎える深刻な労働者不足に対する、最も効果的な解決策となるのです。

もし、今この瞬間にAIロボットの導入を検討しなければ、私たちはやがて手遅れになるかもしれません。

人手不足が進む中で、労働力を確保できず、サービスの質が低下することで、企業全体の存続さえ危うくなる恐れがあるのです。AIロボットによる無人サービスや少ない人数でロボットと協業することは、未来のスタンダードになることが予想されます。

これは、**企業が生き残り、競争力を維持するために必要不可欠な選択肢であり、今、行動を起こさなければ、他社に後れを取り、取り返しのつかない状況に陥る危険性があります。**

だからこそ、私たちは危機感を持ち、未来に向けた変革を今すぐに始めるべきなのです。

人手不足で悩みつづける現状から解放されて前をみて進む時代になっているのです。

AIロボットの導入は、単なる技術革新ではなく、日本のサービス業全体を救うためのカギとなると考えています。

【まとめ】

○政府の補助金や助成金の支援は中小企業には十分に届いておらず、実は人手不足で悩んでいる企業が導入できていないという状態である。

○このままAIロボットの力を借りずに突き進むと日本は間違いなく、慢性的な人手不足に陥る。

○AIロボットはまさに神スタッフ、長く使えば使うほど能率があがっていく。そして売上をしっかりつくってくれる。

○サブスクで提供することで低価格でAIロボット導入ができる。さらにメンテナンスやサポート料金も含まれているので安心。

○サブスクとAIロボットを組み合わせることで社会にAIロボット革命を起こすことができる。

第4章

AIロボットを手軽な価格のサブスクリプションで提供できる未来をつくる

なぜAIロボットの会社を設立したのか

私たちがAIロボットの会社を設立した背景には、AIロボット技術が人間社会と共存し、現代社会が直面するさまざまな問題を解決したいという信念があります。

AIロボットは、少子高齢化や労働力不足、過疎化による都市部一極集中などの社会問題に対して、効果的な解決策を提供できる力を持っています。

この理念を基に、当社はAIロボット技術を駆使し、人々の生活を豊かにすることを目指しています。日本には、革新的で優れたロボットを開発しているベンチャー企業が数多く存在します。しかし、こうした企業の存在は一般にはあまり知られておらず、その技術も十分に活用されていません。

この書籍では紹介しきれなかった素晴らしい技術を持ったAIロボット会社が日本にはたくさん存在しています。

今問題に直面している、倉庫業・物流業・サービス業・介護事業・警備事業・農業・漁業など複数の分野で開発が進んでいるのです。

今回紹介できなかった実用化できるレベルの商品もすでにたくさん存在しておりますが、ロボットへの理解が進んでおらず、なかなか世の中には出てきていないのが実情なのです。モノが売れなければ、ベンチャー企業の持つ素晴らしい技術も進化を遂げることができません。素晴らしい開発も資金が回収できなければ、資金が枯渇して廃業となってしまうという悲しい状況を迎えてしまうのです。

この課題に対応するため、**当社は次に示すサービスを提供し、ベンチャー企業との連携を強化し、ロボットを必要としている企業へ適正なロボットをできるだけ低価格のサブスクで提供できる世の中にしたいと考えています。**

私たちは、AIロボット技術を通じて「1人に1台」というロボットが当たり前に存在する時代が近い将来必ずくると考えています。これからの社会において、AIロボットはただの機械ではなく、人々の日常を支え、生活を豊かにするパートナーとなります。

しかし、その第一歩として、まずは本当に必要な場所に必要なロボットが届く未来を提供したいと考えています。

想像してください。

AIロボットが、日々の些細な悩みや課題を解決し、私たちの生活を支えてくれる未来は目の前なのです。

例えば、過疎化が進む地方で、人手不足に悩む農家にとっての新たな労働力として、あるいは介護が必要な高齢者を優しくサポートする存在として実現できる状態になっているのです。

ロボットは、私たちの生活に欠かせない存在となり、共に歩むパートナーとして、未来の形をつくることができるのです。

このビジョンを実現するために、私たちはサブスクリプション（定額・安価で利用できる）モデルを導入し、初期費用を気にせずに誰もがロボットを利用できる環境を整えようと考えています。これにより、最先端の

1企業・1家に1台
AIロボットが導入される社会を実現することが
日本を変える

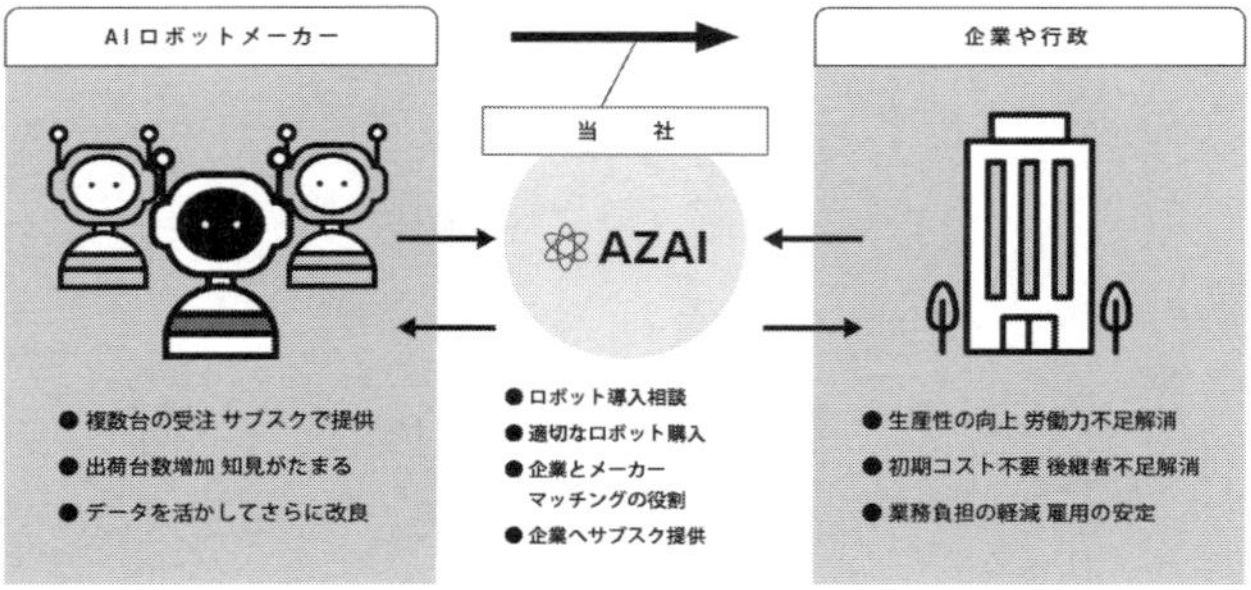

技術がより身近になり、誰もが簡単にアクセスできるようになります。

必要な人に、必要なロボットが届く。

それは、私たちの未来に対する希望であり、使命です。

１人ひとりがロボットと共に生き、より豊かな生活を築くことができる未来を、私たちは全力で創り出したいと考えています。

このビジョンに共感していただける全ての方々と共に、次の世代の社会を築いていきたいと願っています。かつて、携帯電話は富裕層だけが手にすることのできる贅沢品でした。しかし、時代が進み、技術が発展するにつれて、携帯電話は中学生でも持てるほどに普及しました。

自動車も同様です。かつては高嶺の花であった乗り物が、今では一家に１台という時代になっています。技術が量産され、価格が下がり、誰でも手が届くものになる。その未来は、私たちが目指しているAIロボットの未来と同じです。

高齢化と人材不足、そしてそれによる地方経済の衰退は、今も刻々と日本経済の危機として現在進行形で進んでいるのです。

今目の前に必要としている人がいるのに、それを使えないという状態になっているのです。
今、AIロボットはまだ高価で、限られた場所や企業でしか導入されていません。
問題はみえるような形で起きており、それを解決するソリューションはすでにできあがっています。

それにもかかわらず必要なところに必要なものが届いていないのです。

私たちは確信していることがあります。
これからはAIロボットが日本の抱える問題を解決する未来が必ずやってきます。
量産が進み、技術がさらに成熟することで、AIロボットはより手軽なものになり、全国の観光地や繁華街、主要ターミナル駅、さらには人手不足に悩む飲食店やホテルなど、あらゆる場所で当たり前のように利用される未来が訪れるのです。その時、AIロボットの価格はさらに下がり、誰もが手の届くものとなります。私たちが日本で初めて導入したAIバリスタカフェロボットは、その第一歩です。

このロボットがもたらす未来は、単なる技術革新ではなく、社会を根本から変える力を持っています。

AIロボットは人間の仕事を奪ってしまうのではなく、人間と一緒に協業して動いてくれる最も頼れるパートナーになるのです。AIロボットに対するこういった理解も進んでいないのが現状なのです。それを打破するため書籍にメッセージを込めました。

これからも当社はAIロボットと人間が共存できる社会づくりのために、一生懸命尽力していく次第です。しかし、その未来を実現するためには、私たちの力だけでは不十分です。

皆さんの力が必要です。

行政の皆さん、そしてこれを読んでいるあなた、一緒にこの夢を実現するために力を貸してください。

この道は決して平坦ではありません。

しかし、志を共有する仲間が集まれば、私たちはその先にある輝かしい未来を、共に築くことができるでしょう。**全ての人がAIロボットを手にし、共に生きる時代を創り出すために、ぜひ力を貸してもらえませんか？**

私たちは、その未来を信じて、一歩ずつ前進していきます。

未来はもう、すぐそこにあります。

そしてその未来を、私たちと一緒に創っていきましょう。

日本は問題を先送りしていいのかを問われている

私たちは今、かつてないほど重要な岐路に立っています。

日本が直面している少子高齢化という問題は、ただの統計やニュースの話題ではなく、私たち1人ひとりが日々感じていることであり、そして避けて通れない現実です。

どれだけ深刻な問題を引き起こすのか、危機感をあまり感じていない人も多いと思うので、具体的にそれを説明していきます。高齢化社会が進むことで社会保障が増え、若者の負担が増えるということをこれまで何度も繰り返し説明してきました。図にしたほうがわかりやすいので、高齢者1人を支えるのに現役世代は何人必要なのかをまとめました。

1960年には11人の現役世代が1人の高齢者を支える社会が存在していました。その時代には、未来への希望が広がり、社会全体が活力に満ちていました。しかし、時の流れとともに、その状況は急速に変わり、2020年には2人の現役世代が1人の高齢者を支える社会へと移行しました。

少子高齢化で増加する現役世代の負担

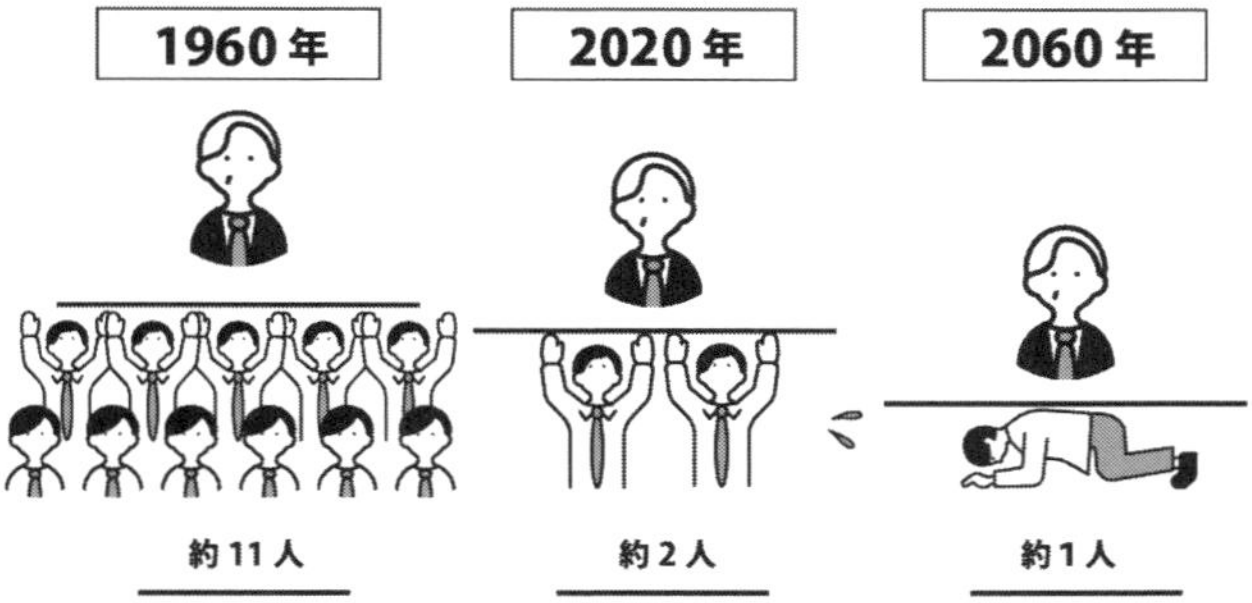

出典：内閣府　高齢社会白書　2023 年

AI ロボットの活用が新たな時代を切り拓く

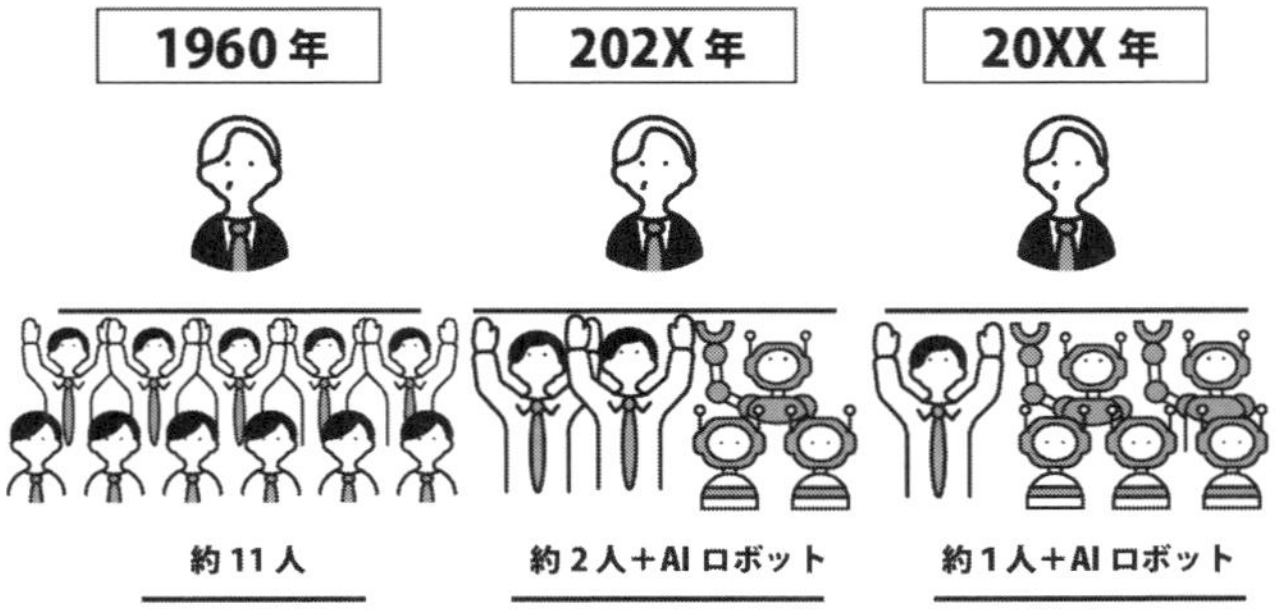

そして、**私たちが直面する２０６０年には、１人の現役世代が１人の高齢者を支えなければならないという、厳しい現実が待ち受けています。**

この未来は、単なる予測ではなく、確実に訪れるものです。繰り返しますが、これは確実にやってくる未来であり、これを変えることはできないのです。社会全体で少子化対策などたくさんの対応をしてくださっています。すでにやれるべきことは一通りやってきたのに、出生率は悪化する一方なのです。

この問題は、これからの若者を、そして日本全体を苦しめる大きな問題になっているのです。

この未来を目の前にして、私たちは果たして、この問題を先送りしても良いのでしょうか？

65 歳以上人口を 15 ～ 64 歳で支える割合

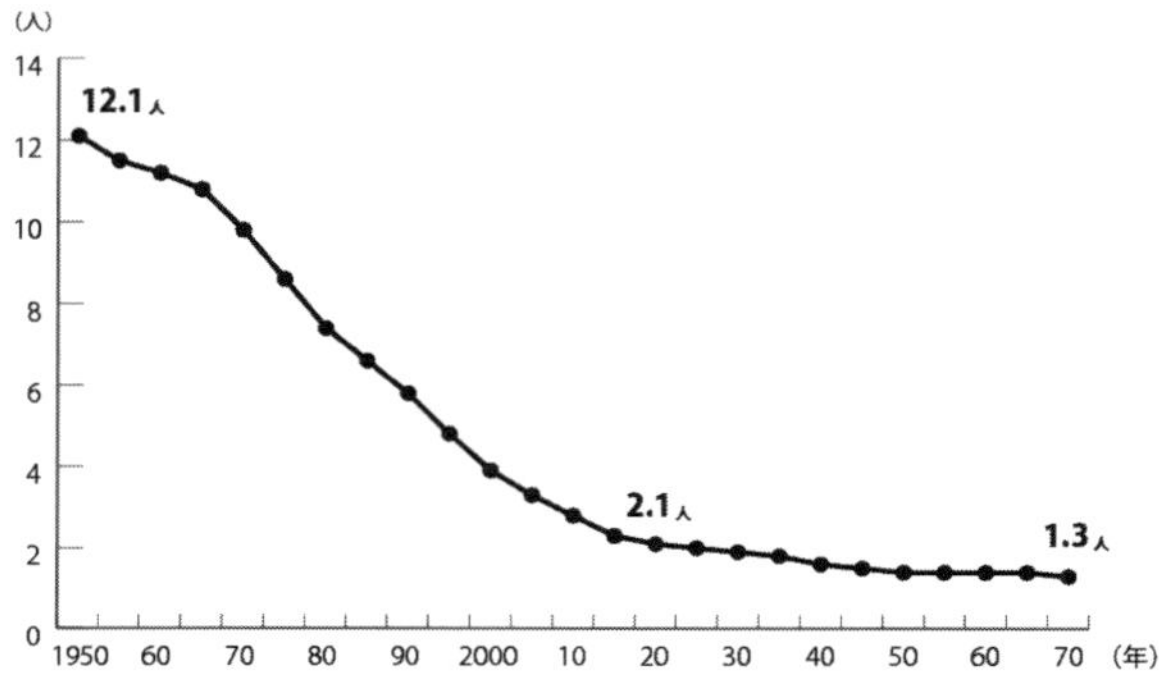

出典：内閣府　高齢社会白書　2023 年

私は断固として「否」と答えます。

なぜなら、私はこの国、日本が大好きだからです。この国の豊かな文化、素晴らしい人々、そして輝かしい未来を次世代に引き継ぎたいという強い思いがあります。しかし、このままでは、私たちの大切な未来が危機に瀕することになります。

今までのやり方や考え方をガラッと変えない限り、今後、現役世代の負担がますます重くなることは避けられません。

若者たちがこれ以上重い負担を背負うことなく、未来に希望を持てるようにするため、私たちは今、行動を起こさなければなりません。日本が変わるべきなのは、まさにこの瞬間なのです。

現役世代である若者たちはこれからの日本を支える存在です。

しかし、少子高齢化が進む中で、彼らの肩にのしかかる負担は増える一方で減ることはないと言われているのです。もし何も手を打たなければ、彼らの未来は過度な負担によって希望を失ってしまうでしょう。これを避けるためにも、今こそ私たちは立ちあがり、変革の時を迎えなければなりません。

人口構造が急速に変化する中で、現役世代だけでこの重い負担を背負うことは、現実的にみても限界があります。

では、私たちはどうすれば良いのでしょうか？

その答えが、AIロボットとの協業です。

AIロボットは、人間の労力を補い、社会を支える新たな力となることができます。

彼らは単なる機械ではなく、人々の生活を支え、私たちの未来を共に築くパートナーです。

例えば当社が導入している飲食店向けのAIロボットがしっかり即戦力として現場でシフトを支えてくれ、売上をつくってくれる。

AI農業ロボットが人手不足で悩む農家の救世主となって、作業よく農作物をつくり、収穫までしてくれる。

AI介護ロボットが介護現場で人材不足を解決できるように、現場で働き、車椅子まで押してくれる。

物流現場では、配達員不足を補い、AIロボットがお客様のご自宅まで無人で荷物を運んでくれる。

倉庫現場では、高齢者に代わって、24時間重い荷物をコンテナから下ろし、さらに仕分けまでミスなく処理してくれる。

https://youtu.be/h6ahzZ2l47I?si=6Tj-U7NDuOJr4H0T

これはあくまで一例で、それ以外にも複数の作業をAIロボットが人間と共にやってくれるという素晴らしい未来が待っているのです。

些細なことに聞こえるかもしれませんが、人間の負担をロボットが補い、いつでも働いてくれる現場をつくってあげることは重要なことです。これが人手不足で悩む人たちの不安や悩みを解消してくれる、もしくは軽減してくれることになるのです。

AIロボットは、介護、医療、日常生活のサポートなど、幅広い分野で活躍することができます。彼らは、日常のさまざまな場面で私たちを支え、現役世代の負担を軽減する役割を果たします。

そして、**AIロボットが普及することで、現役世代はより効率的に働くことができ、時間やエネルギーを他の重要な活動に充てることが可能になります。**

これにより、社会全体の生産性が向上し、高齢者が安心して暮らせる環境が整備されます。しかし、この未来を実現するためには、私たちだけの力では限界があります。

AIロボットの技術を開発し、普及させるには、政府、企業、そして私たち1人ひとりの協力が不可欠です。私たちは、AIロボットが持つ可能性を最大限に引き出し、未来を共に創り出すための強い志を持っています。

しかし、それだけでは足りません。この夢を現実のものとするためには、皆さんの力が必要です。

未来を変えるのは、私たち1人ひとりの行動です。今、この瞬間に私たちが何をするかが、未来の日本を形づくります。私たちは、AIロボットとの協業によって、この国の未来をより良いものにしていきたいと願っています。**これからの時代、AIロボットは、私たちの生活を支える新たな力となり、誰もが安心して暮らせる社会を築くための重要なパートナーとなるとされているのです。**

私たちが創り出す未来は、単なる理想や夢物語ではありません。
それは、私たちが努力し、協力し合うことで、現実に手の届く未来なのです。
そして、その未来を共に築くために、あなたの力が必要です。

私たちと共に、AIロボットを活用して新しい時代を切り開いていきましょう。

共に歩み、共に築き上げる未来が、私たちの手の中にあります。この未来を信じ、共に行動することで、私たちは新しい時代の幕開けを迎えることができるのです。今人手不足で悩んでいるのであれば、それは人材募集など採用活動をつづけたとしても、問題を先延ばししているだけなのです。

どうか、私たちと一緒に、この輝かしい未来を創り出しましょう。

高齢化が進む日本、この流れを変えることはできないのです。人間の脳は、時間の流れに逆らうことができません。

私たちは年齢と共に知覚が鈍くなります。かつてのように鮮明に思い出せなくなり、判断力も少しずつ低下していきます。

65歳以上人口の推移

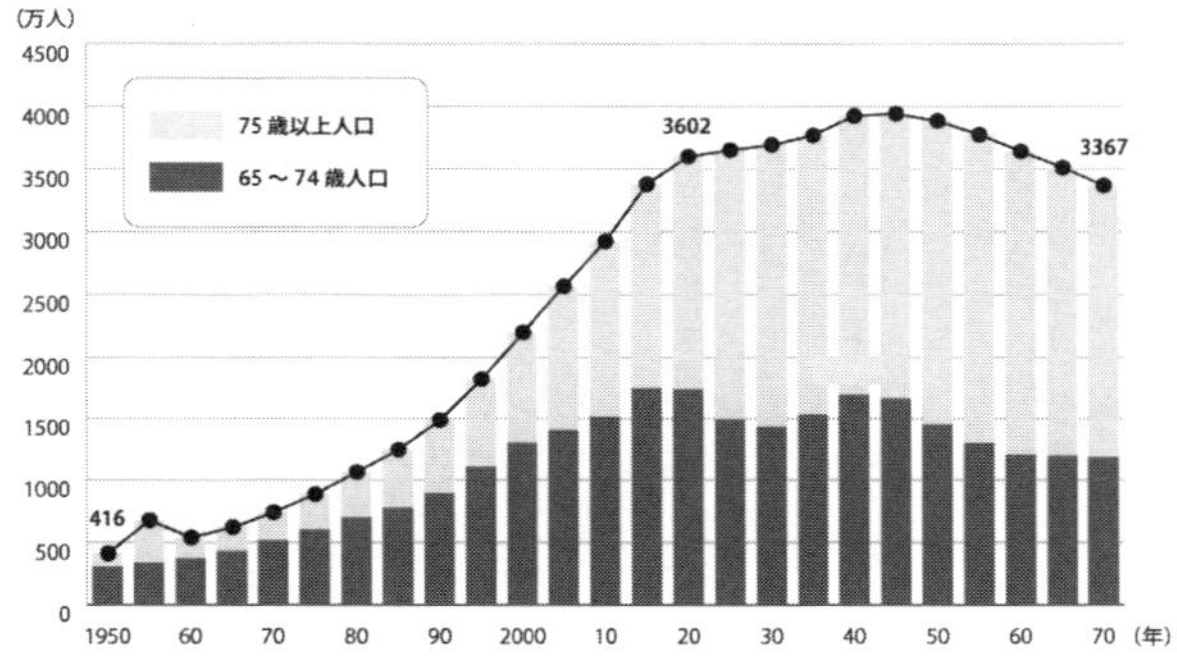

出典：内閣府　高齢社会白書　2023年

かつては瞬時に処理できていた情報が、いつの間にか手に負えなくなってしまう。記憶が曖昧になり、集中力が持続しない。これは自然の摂理であり、私たち人間が避けることのできない宿命です。

しかし、AIは違います。

AIの「脳」は、時間が経つにつれて進化をつづけます。AIは私たちと違い、過去の記憶を完全に保持し、未来に向けて新たな知識を絶え間なく吸収していくのです。データが増えれば増えるほど、その精度もあがり、効率も飛躍的に向上します。

衰えることのないAIの知恵は、私たちが年を重ねるごとに助けとなり、頼れる存在となるのです。

そして、私たちの体もまた、歳月と共にその力を失っていきます。若い頃には簡単に持ち上げられた荷物が、年齢を重ねるごとに重く感じられます。

かつてのように俊敏に動くことができません。年齢を重ねることで関節の痛みや病気が日常の一部になってしまうこともあるでしょう。

私たちの体は自然の法則に従い、少しずつ機能を失っていくのです。

しかし、AIと組み合わせたロボットは違います。ロボットは人間のように体力が衰えることはなく、むしろ時間が経つにつれて進化しつづけます。新しい技術が導入されるたびに、彼らはより効率的に、より強力に、そしてより知的に成長していきます。彼らは決して疲れることなく、重い荷物を運びつづけ、病気に悩むことなく常に全力で動きつづけます。

AIロボットは、私たちの身体的な限界を超えて、未来を支える力となるのです。

これから日本は、本格的な高齢化社会に突入していきます。この未来において、私たち人間はAIの知恵を借り、AIロボットと共に生活を築いていくことが求められています。

AIは私たちの脳の代わりとなり、ロボットは私たちの身体を補完する存在として、これからの社会を支えることになります。

この協力関係こそが、未来の日本が直面する課題に対する唯一の答えであります。それは避けることのできない現実です。

未来は決して暗いものではありません。むしろ、AIとロボットの協力によって、私たちは新しい希望に満ちた未来を迎えることができるのです。私たちが年を重ねても、AIとロボットはその力を失うことなく、むしろ私たちをより強く、より賢く支えつづけます。彼らは私たちの記憶を補い、身体的な制約を超えて、日常生活のあらゆる場面で力を発揮します。高齢者が安心して暮らせる社会、現役世代が余裕を持って働ける社会、そして次世代が希望を持って未来を描ける社会の実現は可能なのです。

これこそが、私たちが目指すべき未来なのです。

私たちは、AIとロボットが持つ可能性を信じています。

彼らが社会の一員として、私たちと共に生活し、働き、未来を築いていく日が来ると信じています。

AIロボットは、人々の生活を支え、未来を創り出すための力となります。

そして、この新しい共存の形は、私たちが直面する全ての問題に対する解決策となるのです。未来の日本社会において、AIとロボットと共に歩む道は、私たちに明るい未来を約束してくれるでしょう。この新しい時代において、私たちはAIと共存し、より良い未来を築いていくことができます。それは、私たち1人ひとりの力によって形づくられる未来であります。その未来を築くために今、私たちは行動しなければならないのです。この未来は、避けることのできない現実なのです。

しかし、それは同時に、希望に満ちた未来でもあります。私たちは、この未来を受け入れる必要があるのです。**AIとロボットと共に歩むことを選び、共に手を取り合い、新しい時代を切り開いていく。**その道の先には、私たちが夢みる未来が広がっています。

私たちが創り出す未来は、単なる理想や夢物語ではありません。それは、私たちが努力し、協力し合うことで、現実に手の届く未来です。そして、その未来を共に築くために、あなたの力が必要です。

私たちと共に、AIロボットを活用して新しい時代を切り開いていきましょう。共に歩み、共に築き上げる未来が、私たちの手の中にあります。この未来を信じ、共に行動することで、私たちは新しい時代の幕開けを迎えることができるのです。

どうか、私たちと一緒に、この輝かしい未来を創り出しましょう。AIとロボットが私たちと共にいることで、私たちは今まで以上に強く、そして希望に満ちた未来を築くことができるのです。

AIロボットが災害や手術で命を救う時代がやってきた

AIロボットの浸透は、医療・介護の分野でも顕著です。医療の未来は、かつてないほど大きな変革を迎えようとしています。

医療現場では、AIロボットが革新的な役割を果たし、命を救う新たな時代が到来しています。AI診療やAI手術ロボットは、従来の医療を根本から変革し、より精度の高い治療と迅速な対応を可能にしています。これまで医師の経験や勘に頼っていた診断や治療が、AIの力によってより客観的で精密なものへと進化しています。

AIは、大量の医療データを解析し、病気の早期診断を行うことができます。これにより、患者が症状を自覚する前に疾患を発見し、早期の治療介入が可能になります。例えば、心疾患やがんなどの早期発見が救命率の向上に直結するため、より多くの人命を救うことができるとされています。

AI診療は膨大なデータを瞬時に分析し、患者の症状に最適な治療法を提案することができます。すでに海外でも多くの実例があり、早期発見や予防医療が一層強化され、多くの命が救われています。

また、AI手術ロボットは、微細で複雑な手術を高精度で行うことができ、手術中のリスクを大幅に軽減しています。人間の手では難しい操作も、ロボットが正確に遂行することで、術後の回復も早く、患者への負担も軽減されます。

このようなAIロボットの導入は、医療の未来に新たな希望をもたらしています。**人間とAIが協力することで、これまで不可能だった治療が可能になり、より多くの命が救われています。**この技術の進化は、単なる医療の改善にとどまらず、私たちの健康と幸福を守るための新しい標準を築き上げているのです。

私たちは、AIロボットがもたらすこの変革の最前線に立っており、その成果はすでに多くの命を救い、これからもさらなる希望をもたらしてくれるでしょう。医療の未来は、AIロボットの力によって、かつてないほど明るく、力強いものとなっているのです。

AIロボットは、患者のための手術を、より正確に、より安全に行うために開発されており、傷口が小さくすみ、出血量が少なく、回復が早いという患者側の利点に加え、医師にとっても肉体的な負担を大幅に軽減できるという特徴を持っています。長時間にわたる手術でも、無理な姿勢を強いられることなく、高精細な画像によって視力を補いながら行うことができるのです。これにより、外科医の寿命を延ばすことが期待されています。

AI手術ロボットは医療現場で続々と成功を収めているのです。

誰もが等しく良質な医療を受けられる社会です。手術支援ロボットが広く普及すれば、専門医が常駐していない地域や、海を隔てた辺境の地でも、高度な手術が可能になります。

医療の格差がなくなり、全ての人が平等に治療を受けることができる未来が、私たちの目の前に広がっているのです。

AIロボットは日本の医療に新たな希望をもたらしました。それは、単なる技術革新にとどまらず、人々の命を守るための新たな道を切り開くものです。

AI手術ロボットやAI診断、未来の医療を形づくる重要な一歩となるでしょう。

そして、その未来は、全ての人々にとってより良いものとなるのです。

AI医療ロボットがもたらす未来来は、私たちがこれまで経験したことのない新しい時代の幕開けを意味しています。

この未来は、人間とAIロボットが共存し、共に医療の質を高めていく時代です。AI医療ロボットは、手術支援という重要な役割を担い、患者の命を救うための新たな手段を提供してくれるのです。AI医療ロボットは手術回数をこなすたびに、正確で効率的な動きを学習しつづけます。これにより、医師は自分の体力や時間を気にせず、最高の手術を行うことができるのです。AI医療ロボットが持つ高い精度と柔軟性は、これまで人間が到達できなかった領域にまで到達しており、さらにその技術を向上させつづける力を持っているのです。

AI医療ロボットをただの道具として捉えるのではなく、人間と共に協力し合い、共存する未来が求められているのです。

AI医療ロボットは、人間の手技や知識を補完するパートナーであり、医療の質を向上させるための力強いサポーターとなるのです。

AI医療ロボットと人間が共に働くことで、より多くの命を救うことができ、医療の現場はさらなる進化を遂げます。未来の医療は、AIと人間の共存によって形づくられるのです。AI医療ロボットは、医師と協力し、最良の医療を提供するためのツールとなっていくのです。

AIロボットは、手術だけでなく緊急対応時にも迅速かつ正確な処置を行うことが可能です。例えば、心肺蘇生を行うロボットや、遠隔地の患者に対して遠隔操作で処置を行うことができるシステムなどが開発されています。これにより、救命処置が迅速に行われる可能性が高まり、結果として救命率が格段に向上します。

AIロボットは、患者の「脈拍」「呼吸」「体温」「血圧」「意識レベル」などのバイタルサインを継続的にモニタリングし、異常を早期に検知することができるため、緊急事態が発生する前に予防措置が取られ、患者の命を守るための迅速な対応が可能です。

私たちは、AIロボットが持つ力を最大限に活用し、人間が持つ温かさや経験と組み合わせることで、患者にとって最良の結果を導くことができるのです。

AI医療ロボットがもたらす未来は、全ての人々が等しく良質な医療を受けることができる社会の希望を示してくれています。そして、その未来は、AIと人間が共に協力し、共に成長しつづけることで実現されるのです。この新しい共存の形が、未来の医療を革新し、私たちの生活を豊かにするのです。

実はAIロボットは医療現場で命を救うだけではないのです。AIロボットは災害時の人命救助などにも大きな役割を果たしてくれているのです。日本は、地震、台風、津波など数多くの災害に見舞われる国です。そのたびに、多くの人々が命の危険にさらされ、避難を余儀なくされます。しかし、そんな厳しい状況の中で、人命を救い、被害を最小限に抑えるための新しい力が誕生しています。

それが、災害用AIロボットです。災害が発生したとき、私たち人間が安全に行動できる範囲は限られています。

特に、倒壊した建物や洪水に見舞われた地域、放射線汚染が広がる地域など、命の危険が迫る場所では、人間の力だけでは対応できないことが多くあります。

そこで、AIロボットがその力を発揮します。人間が入ることのできない危険な場所へも、AIロボットは躊躇することなく向かい、必要な作業を的確にこなします。川崎重工のヒューマノイド新型「カレイド」は、そんな災害時に活躍するロボットの一例です。カレイドは、高所や災害現場といった危険な場所での作業を想定し開発されました。最新のデモンストレーションでは、カレイドが段差を歩行し、物資を運ぶ様子が公開されています。その安定性は飛躍的に向上しており、まるで人間のように滑らかな動きで困難な地形を克服しています。カレイドは、避難所で物資を運ぶだけでなく、避難者をサポートし、必要な情報を提供するなど、多岐にわたる役割を果たすことができます。

また、他にも災害時に活躍するAIロボットの事例があります。例えば、ドローン技術を活用したロボットが、被災地の空からの映像をリアルタイムで提供し、被害状況を迅速に把握する手助けをしています。

これにより、救助活動の優先順位を決め、避難経路を確保するための重要なデータを集めることができます。さらに、水中ロボットが津波や洪水の後に、浸水地域を調査し、行方不明者の捜索や構造物の状態確認に貢献しています。このように、AIロボットは陸上、空中、水中といったあらゆる環境で、その優れた技術を駆使して人命を救うために尽力しています。このような技術の進化により、災害が発生した際の対応力は飛躍的に向上しています。

AIロボットは、私たち人間の限界を超えて、命を守るための新たな力となっているのです。

彼らは私たちの代わりに危険な場所に足を踏み入れ、必要な作業を的確にこなします。そして、彼らが災害現場で果たす役割は、ますます重要になっていくことでしょう。私たちは、AIロボットがもたらすこの新しい未来を心から信じています。人間とAIロボットが協力し合うことで、どんなに困難な状況でも希望を持って立ち向かうことができるのです。

川崎重工のカレイドをはじめとするAIロボットたちが、これからも災害に立ち向かい、私たちの命を守るための力強いパートナーとなることでしょう。そして、この共存の未来こそが、日本の明るい未来を切り開くカギとなるのです。

AIロボットはすでに手術で人命を救ったり、災害に人命救済のために尽力したり、活躍してくれているのです。

この新しい未来に、深い感謝の意を捧げずにはいられません。彼らは、私たちが直面する困難な状況において、確実に助けとなり、命を守るために尽力してくれているのです。災害が発生したとき、AIロボットたちは躊躇することなく危険な場所に足を踏み入れ、人間の代わりに重要な任務を遂行します。

その献身的な働きにより、多くの命が救われ、私たちの社会は一層安全なものとなっています。AIロボットは、私たちが思い描く未来の一部として、すでに大きな役割を果たしています。彼らはただの機械ではありません。

彼らは私たちのパートナーであり、私たちの限界を超えて働きつづける存在なのです。

川崎重工のカレイドをはじめとする数々のAIロボットは、私たちが不可能だと思っていたことを可能にし、新たな希望をもたらしています。これからの未来、私たちはAIロボットと共に歩み、共に新しい時代を築いていくことでしょう。

彼らの力は、私たち人間の暮らしを支えるだけでなく、私たちに勇気を与え、より良い未来を切り開く力をもたらしてくれるのです。

災害という試練の中で、彼らが私たちのために戦いつづける姿をみて、私たちは感謝と敬意を抱かずにはいられません。未来に向かって、私たちはAIロボットたちと共に進んでいきます。彼らが果たす役割は、これからますます重要となり、私たちの生活を豊かにし、守りつづけるでしょう。私たちは、AIロボットがもたらすこの未来に感謝し、彼らと共に希望に満ちた明日を創り上げていくのです。

彼らが私たちに与えてくれる力を信じ、感謝し、共に歩んでいくことで、私たちはどんな困難にも立ち向かい、必ずや新しい時代の幕を開けることができるでしょう。

https://www.youtube.com/watch?v=CcUtcu1XGyM

フォーラム開催により大阪大学と川崎重工との技術協力や情報交換が実現

当社では、定期的に情報交換ができる場としてフォーラムを開催しています。冒頭でお伝えした通りで、今回の新会社設立もこのフォーラムで川崎重工と大阪大学との情報交換からスタートをしています。日本の過疎化や高齢化社会への突入、そして労働人口の減少、これらの社会問題はAIロボットなら解決できることが非常に多いのですが導入には至っていないのです。

その主な原因は、社会全体にAIロボットが必要だと危機感を持っていないことに加え、現時点では価格によるハードル、行政的なハードルなど多くの課題があるとされています。私たちの会社が主催するフォーラムでは、これまで多くの大学研究機関とロボットメーカーの協力を実現する場を提供しています。そしてただの会議や発表の場を超えた、未来を見据えた重要な情報交換の場となっているのです。

しかし、日本においてはこのような情報交換の場がまだまだ少ないのが現状です。これは、日本が抱える技術革新の潜在力を十分に発揮できていない一因でもあります。日本の大学機関でも素晴らしいロボットに関する研究が進められており、最先端の知識と技術が蓄積されているのです。

一方で、ロボットベンチャー企業には、その技術を実用化し、社会に役立てるための創造力と実行力があります。

これらが手を取り合い、互いに協力し合うことで、技術はさらなる進化を遂げることができるのです。私たちはその可能性を信じて、これまでのフォーラムを通じて数多くの協力関係を築いてきました。当社以外のこのようなフォーラムでは具体的な情報交換や技術協力が行われていないのが実情です。

情報の壁、技術の壁、そして時には業界の壁が、技術革新を阻んでいるのです。この状況を打破するために、私たちは情報交換の場をさらに広げ、これからもフォーラムを通じて産学連携の強化に努めたい。それが私たちの使命です。このような取り組みこそが、未来の技術革新を支えるカギとなり、日本の素晴らしい未来を切り開く力となると信じているからです。

私たちが目指すのは、単なる技術の共有ではなく、未来への共創です。

フォーラムは、そのための舞台であり、ロボットベンチャー企業と大学研究機関が一堂に会し、知恵を絞り、技術を共有し、そして共に未来を描く場を提供します。

その結果生まれるのは、新たなイノベーションです。

それが社会をより良くするための新しい道筋となればこの上ない喜びです。**これからの日本が、技術革新を通じてさらに輝きを増し、世界に誇るべき技術大国としての地位を確立するためには、このような情報交換の場が欠かせないのです。**私たちは、その実現に向けて全力を尽くし、未来の技術を創り出すための力を注いでいきます。日本の技術と知識が一体となり、新しい時代を切り開くその日を、私たちは信じています。

フォーラムを通じて最先端のロボット開発を行う川崎重工とロボット研究で最先端の研究を行っている大阪大学が情報交換、技術提携をする場はこういったフォーラムから生まれたのです。

当社は、大阪大学および川崎重工との官民一体となった取り組みを通じて、ロボット技術の未来を切り開くための技術協力をサポートしています。この協力関係は、単なるビジネスパートナーシップを超えたものであり、私たちの目指す未来の社会に革新をもたらすための重要な基盤となっています。

川崎重工の情熱と使命

川崎重工は、現代表取締役社長がロボット技術者であったという背景を持ち、その情熱は今もなお企業全体に息づいています。同社は、次世代に向けてロボット技術を伝えるため、日常生活やさまざまな産業において、シームレスに統合できるロボットの開発に取り組んでいます。

その機械は、耐久性と信頼性の高さで知られ、イノベーションとロボティクスの品質に対する強いコミットメントを持ち、広範な技術専門知識を活用して実世界の問題を解決することに努めています。川崎重工の使命は、単にロボットをつくり出すことではありません。

彼らが目指すのは、ロボット技術を通じて社会全体に貢献し、日常生活を改善することです。彼らは、その使命を果たすために、次世代の若者や一般の人々がロボットと触れ合えるイベントを積極的に開催し、ロボット技術の普及と理解を促進しています。これにより、未来の技術者たちに夢を与え、より良い社会の実現を目指しています。

大阪大学との共同研究

当社は、大阪大学との共同研究を通じて、ロボット技術の研究開発を推進しています。大阪大学は、最先端の研究を行う知識と施設を備えており、その技術力は世界的にも高く評価されています。当社は、この優れた研究機関と産業界を結ぶ架け橋として、技術の実用化に向けた取り組みを支援しています。

この産学連携は、単なる技術開発にとどまりません。

それは、世界中の国々や自治体と協力し、ワールドワイドな産官学連携を通じて、ロボット技術の進化と普及を促進し、社会が直面する課題を解決するための大きな一歩となっています。**私たちの取り組みは、未来の社会に革新をもたらすための道筋を描き出すものです。**フォーラムを通じてできたこの協力関係は、未来に向けた強い基盤となっていくと信じております。

川崎重工の情熱と使命、大阪大学の先端研究、そして私たちの技術協力が一体となることで、私たちは未来の社会におけるロボット技術の革新を実現できるのです。これからの時代、ロボット技術は単なる機械を超え、人々の生活を豊かにするパートナーとなるでしょう。

私たちは、こうした未来を実現するために、さらなる挑戦をつづけていきます。

そして、世界中のパートナーと共に、より良い社会を創り出すために、全力で取り組んでまいります。当社は、研究機関と産業界の架け橋として、ロボット技術の研究開発を推進し、実用化に向けた取り組みを支援しています。

今後とも、産学での連携とネットワークを深めると共に、世界中の国々、自治体と組みワールドワイドな産官学でのロボット技術の進化と普及を通じて、社会の課題解決に貢献してまいります。

政府と社会全体での連携を実現する

ここまで、私たちの構想や取り組みについてご紹介してきました。AIロボットが日本に溢れる未来が遠いものではないことをわかっていただけたかと思います。

しかし、私たち民間が単独でどれだけ努力しても、AIロボットが巻き起こす変化をうまくものにすることは難しいのです。そこには必ず政府・国の協力、そしてこれを読まれている皆さんの力が不可欠なのです。

AIロボットが当たり前に街に溢れる未来を実現するためには、まず大量のロボットが購入され、量産体制が整うことが必要です。

これは単なる理論ではなく、現実的なステップです。量産が進むことで、ロボットのコストは自然と下がり、より多くの人々や企業が手軽にロボットを利用できるようになります。これは、かつて自動車やスマートフォンが高価な商品であった時代から、今日ではほとんどの家庭に普及したのと同じ道筋です。

AIロボットは、すでに多くの分野で活躍し始めています。工場の自動化から医療支援、さらには日常生活の補助まで、ロボットの存在感は確実に増しています。

しかし、これが真に一般的になり、私たちの生活の一部として根付くためには、需要が増し、それに応じた供給が追いつく必要があります。

需要が増えれば、生産規模が拡大し、結果として1台あたりの製造コストが下がる「規模の経済」が働きます。これにより、さらに多くの消費者がロボットを手にすることができます。

その結果、街にロボットが溢れる未来が現実のものとなるのです。しかし、この未来を実現するためには、単に技術や経済の問題だけではなく、私たち1人ひとりの意識も大きく変わる必要があります。

今、すでに多くの中小企業や農家が、人手不足や後継者不足という深刻な問題に直面しており、彼らは悲鳴をあげています。

これらの課題に対して、AIロボットは大きな救いとなる可能性を持っていますが、そのためには社会全体でロボットの導入に向けた意識改革が必要です。例えば、後継者不足に悩む農家では、AIロボットが農作業を代行することで、次世代に継がせる負担を軽減することができます。また、中小企業では、AIロボットが生産性を飛躍的に向上させ、人手不足による業務の滞りを解消することができます。

しかし、**こうしたソリューションが広く受け入れられるためには、日本政府や自治体が積極的にロボット導入を支援し、また私たち1人ひとりがその価値を理解し、活用する意識を持つことが重要なのです。**

特に、ロボット導入に対する補助金や助成金の制度を整え、ロボットを導入する中小企業や農家を支援することで、彼らが直面する課題を解決する道筋を提供することができます。また、教育現場でも、ロボット技術に対する理解を深め、将来の労働力としてAIロボットを活用できるような人材育成を進める必要があります。

これにより、ロボット技術が社会全体に浸透し、誰もがロボットを当たり前に利用する社会が実現するでしょう。そして、この未来を実現するために必要なもう1つの要素は、私たち自身のマインドセットの変革です。

私たちは、ロボット技術を単なる機械として捉えるのではなく、私たちの生活を豊かにし、未来を創るパートナーとして受け入れる必要があります。

技術の進化を恐れるのではなく、それを活用して社会をより良くするためのツールとして捉えることが大切なのです。

日本は、これまで数多くの技術革新を生み出してきた国です。そして、今また新たな時代が始まろうとしています。AIロボットが当たり前に街に溢れる未来は、私たちが手を取り合い、共に歩むことで実現できるのです。日本政府や企業、そして私たち1人ひとりが協力し合い、ロボット技術の普及に向けて力を合わせれば、この未来は決して遠いものではありません。現在、日本各地で多くの地方の中小企業や農家が深刻な問題に直面しているのはここまで何度もお伝えしてきた通りです。

人手不足、後継者不足、そして日常の業務を効率的にこなすための技術的なサポートの欠如は日本経済にとって大きな打撃となります。

これらの問題は、彼らの生活と事業に大きな負担を強いています。私たちの国が抱えるこうした課題を解決するためには、AIロボットの力を最大限に活用することが必要なのです。しかし、そのロボットが本当に必要とされている現場に届いていないという厳しい現実があります。

これまでさまざまなロボットについて紹介してきましたが、ロボット技術は、これまでにない可能性を秘めています。

農作業を手助けするロボット、生産現場での自動化を支援するロボット、そして高齢者や障害者をサポートするためのロボットなど広範囲にわたります。これらの技術は、私たちの生活を豊かにし、負担を軽減するための強力なパートナーとなるでしょう。

しかし、その恩恵を受けるべき地方の中小企業や農家は、今、その手が届かない状況に置かれています。

高齢化が進む中、これらの現場で働く方々は、助成金の申請や新しい技術の導入に対する手続きが負担となってしまうことが多いのです。日々の業務に追われる中で、手続きの煩雑さや時間的な制約が、彼らが必要とする支援を受けるための障壁となっているのです。

このような状況を打破するために、私たちは地方公共団体や行政機関に呼びかけたいのです。

私たちが提案するのは、地方公共団体や行政機関が先導してロボットを購入し、それを地方の中小企業や農家にレンタルするという新しい仕組みです。

これにより、ロボット技術を必要としている人々が手軽にその恩恵を受けられるようになります。高齢化が進む現場では、彼らが直接ロボットを購入し、導入するのは難しいかもしれません。しかし、地方公共団体が主導してその負担を和らげることで、事業や生活をサポートする新たな支援方法を提供することが可能になるのです。

この取り組みは、単に一部の人々を助けるためのものではありません。これは、私たち全体の社会をより良くするための大きな一歩です。

地方の中小企業や農家が支えられることで、地域経済が活性化し、社会全体が持続可能な成長を遂げることができます。日本の未来を支えるために、地方公共団体や行政機関が果たすべき役割は極めて重要です。

ロボット技術を導入し、それを広く普及させることで、私たちの社会は確実に変わります。この未来を実現するために、どうか地方公共団体や行政機関の皆様のご理解とご協力をお願い申し上げます。私たちが手を取り合い、共に歩むことで、ロボット技術を必要とする全ての人々にその恩恵が届き、日本全体がより良い社会へと進化することができるのです。

皆様と共に、私たちはこの新しい時代を築いていきたいと願っています。どうかこの機会を捉え、未来に向けた大きな一歩を共に踏み出しましょう。

私たちが目指すのは、誰もがロボット技術を利用できる社会、そしてその技術が社会全体の課題を解決するために活用される社会です。

この未来を実現するために、今こそ行動を起こす時なのです。ロボットが街に溢れ、私たちの生活を支える存在となるその日まで、私たちは共に進みつづけます。

未来は、私たちの手の中にあります。そして、その未来を創り上げるのは、私たち1人ひとりの力なのです。

【まとめ】

○AIロボットは、少子高齢化や労働力不足、過疎化による都市部一極集中などの社会問題に対して、効果的な解決策を提供できる力を持っている。

○今までのやり方や考え方をガラッと変えない限り、今後、現役世代の負担がますます重くなることは避けられない。AIロボットがもたらす未来は、単なる技術革新ではなく、社会を根本から変えることができる。

○AIロボットが当たり前に街に溢れる未来を実現するためには、まず大量のロボットが購入され、量産体制が整うことが必要。

○日本政府や自治体が積極的にロボット導入を支援し、また私たち1人ひとりが、その価値を理解し、活用する意識を持つことが重要。

○AIロボットの活用は単に一部の人々を助けるためのものではなく、私たち全体の社会をより良くするための大きな一歩。

第 5 章

もう地方財政が破綻して悲しむ人をみたくない

ロボットが代替えできる社会の実現へ

夕張市の財政破綻は、日本中に衝撃を与えました。
かつて炭鉱で栄えたこの町は、人口減少や財政赤字の累積により、最終的に破綻を迎えました。
この悲しい出来事は、私たちに何を教えてくれたのでしょうか？

それは、従来の方法だけではもはやこの国を救えないという厳しい現実です。
そして、私たちは二度と同じ光景をみたくないのです。しかし、今の日本には、消滅危機に直面する都市が増えつづけています。

２０５０年には、日本の人口が1億人を下回ると予測されています。現在６７００万人いる労働人口が４５００万人に大きく減少する未来を考えると、これは避けられない現実です。これから20年の間に働ける現役世代が一気に２０００万人以上減少するのです。これは、私たちが今まで知っていた日本とは全く異なる、厳しい現実が待ち受けていることを意味します。

具体的に言えば、今3人で行っている作業を、将来は2人で行わなければならない状況に直面するのです。

これは単純に、１人が今の1.5倍の働きをしなければならないことを意味します。しかし、高齢化が進む日本で、果たして１人あたり1.5倍以上の労働を求めることができるでしょうか？現実的に考えて、人間の能力には限界があります。どれだけ努力しても、１人の力を1.5倍に底上げすることは非常に困難なのです。最新のツールや働き方改革を導入しても、その効果は限られています。

私たちは、これまで通りのやり方では日本を救うことができないことを理解しなければなりません。

少子化が進み、納税額が減り財政が逼迫する中で、私たちには決して目を背けてはならない未来が待っています。それは、大量の失業者が生まれ、社会全体が混乱し、多くの人々が希望を失うという、悲惨な未来です。

この未来を防ぎたいという強い思いが、今こそ私たち全員に求められています。

夕張市が経験した財政破綻は私たちに今までのやり方では食い止めることができないと教えてくれているのです。

夕張市の破綻は、その象徴的な例です。私たちは、もう一度同じ過ちを繰り返すわけにはいきません。財政破綻は、地域社会だけでなく、そこで暮らす1人ひとりの人生をも崩壊させてしまいます。

これを防ぐためには、今すぐに行動を起こさなければなりません。

どうか、危機感を持ってください。

少子化による人口減少と財政難は、これまで私たちが享受してきた生活を根本から揺るがす危機です。

このまま何もせずにいると、私たちの愛する国が、かつてない規模の経済的困難に見舞われることでしょう。

しかし、私たちにはまだ時間があります。この悲惨な未来を回避するためには、今ここで立ちあがりましょう。

今すぐ共に行動を起こすことが必要なのです。危機感を持ち、未来を守るために力を合わせましょう。私たちの手で、日本を再び希望と活力に満ちた国に戻すことができるのです。私たちが提案するのは、ただ人間の力を頼りにするのではなく、AIロボットの力を借りることなのです。

AIロボットを活用すれば、3人でやっていた仕事を2人でどうやってこなすかを考える必要はありません。

なぜなら、AIロボットがその仕事を代わりにやってくれるからです。

人間の労働力を増やすことは難しいかもしれませんが、ロボットの数を増やすことは可能なのです。

ロボットは、すでに私たちの生活の中で人間と協働する時代を迎えています。ここで、行政の皆様にお願いがあります。

今すぐ考え方を変えてください。

民間企業にロボット導入を提案するだけではなく、行政が先頭に立ってロボットを積極的に購入し、その普及を推進していただきたいのです。

まずは、市役所の受付ロボットや警備ロボットから導入してみてはいかがでしょうか？

その一歩が未来を変えるのです。これからの時代、人を急激に増やすことはできません。出生率もいきなり回復するわけではありません。

日本が直面しているこの現実を変えるためには、AIロボットの力が不可欠なのです。

そして、その力を最大限に引き出すためには、まず行政が動く必要があります。私たちの未来は、今まさに私たちの手の中にあります。

どうか、この危機的な状況を打破し、私たちの愛する日本を救うために、ロボット技術を活用した新しい取り組みに力を貸してください。

未来の日本を、私たちの手で共に守りましょう。

AIロボットで日本から世界を変える

これまで、私たちは繰り返し述べてきました。

AIロボットは、日本が抱える数々の社会問題を解決するためのカギであり、希望であると繰り返し主張してきました。

人口減少、少子高齢化、そして労働力不足といった日本が直面する深刻な課題に対して、AIロボットはその答えを提供することができると信じています。

そして、今こそ私たちが目指すべきは、AIロボットとの共存社会を築くことです。AIロボットの進化は、ただの技術革新に留まりません。それは、人々の日常生活を支え、社会全体をより良い方向へと導く力を持っています。これまで、数多くのAIロボットベンチャーが、あらゆる社会課題を解決するために心血を注ぎ、素晴らしい発明を生み出してきました。

彼らの努力と情熱が、私たちの未来を形づくっています。しかし、この問題は日本だけに限られたものではありません。実は、日本と同じように人口減少や少子高齢化に悩んでいる国々は、世界中に存在します。例えば、ヨーロッパの一部地域や中国や韓国なども、日本と同様に少子高齢化が進んでおり、社会全体がその影響を受けています。

これらの国々もまた、私たちと同じように、社会が直面する課題にどう立ち向かうべきかを模索しているのです。中国でも今、高齢化が急速に進んでいます。中国では人口が増えすぎたため、かつて1人っ子政策が行われておりました。その期間強制的に出生率を1前後に抑えていたため、日本と同じ問題を抱えているのです。

つまり中国もこれから一気に高齢化社会に突入していくのです。人手不足と高齢化の現象は日本だけでなく、世界全体に広がっている課題なのです。

しかし、中国は日本と全く違う対応をしています。少子高齢化の課題に対して積極的に取り組んでいるのです。積極的にAIロボット技術の導入を国家戦略として推進しているのです。AIを搭載したロボタクシーが街を走っております。すでに多くの市民がその恩恵を受け始めているのです。

中国はAIロボットに関して国全体で技術革新を推し進めています。

AIロボットを活用した新しい社会インフラを構築しようとしているのです。

ですが日本はどうでしょうか？

日本は、中国のように国をあげての技術導入を進めているとは言い難い状況にあります。中国がAIロボット技術を積極的に取り入れ、社会全体の効率化と高齢化対策を加速させている一方で、日本はその歩みが遅れています。

AI技術を活用したロボタクシーは、都市の交通問題を解決し、公共交通機関を補完する存在として機能し始めています。これにより、移動の利便性が向上し、高齢者や障害者がより自由に外出できる社会が実現されつつあるのです。

こうした取り組みは、AIロボットが社会全体に与える影響力の大きさを示しているだけでなく、AIロボットが、世界の救いの手になるかもしれないという可能性を示してくれているのです。

日本のAIロボットが世界で同じように高齢化で悩んで国々で役に立つ日がくるかもしれません。

日本のものづくり技術は、長年にわたり世界中からトップクラスの評価を受けてきました。

そして今、その技術が最先端のAIロボットという形で新たな輝きを放とうとしています。これまで私たちが培ってきた技術と知識が、今や世界中の人々を助けるための力となるのです。かつて、日本はその技術力と革新性で世界を驚かせ、経済大国としての地位を築き上げました。

自動車産業、エレクトロニクス、そして精密機械。日本のものづくりは世界中から賞賛され、憧れの的となりました。しかし、近年、少子高齢化や経済の停滞など、国内外での影響力が薄れているという現実が存在しています。

しかし、ここに新たな希望の光があります。

それは、日本のAIロボット技術が世界中で活躍することで、日本が再び国際社会の中心に立つという未来です。

これまで私たちが築き上げてきた技術と知識が、AIロボットという形で新たな力を得て、世界中の人々を助け、社会を変革するのです。

想像してください。

日本で生まれたAIロボットが、地球の裏側で同じように人口減少に悩む人々の生活を支える姿は、素晴らしい未来をもたらしてくれます。高齢化が進む都市で、AIロボットが人々の暮らしを助け、安心できる未来を提供してくれるのです。

例えば、南アメリカの農村地帯で、日本の農業用ロボットが導入され、地元の農家が効率的に作業を行えるようになる未来を想像してみてください。また、アフリカの医療機関で、日本製の医療ロボットが現地の医師をサポートし、患者により良い治療を提供する日を想像してみてください。

それは、決して夢物語ではありません。

そして、その時、日本という国自体が再び国際的に注目されることでしょう。

日本のAIロボットが世界中で賞賛され、その技術力と創造力が世界に認められることで、日本の影響力は再び強固なものとなります。

かつての栄光を取り戻すだけでなく、新しい形で世界をリードする存在となるのです。

日本のAIロボットは、世界を変える力を持っています。

日本が持つ技術と情熱が、世界のあらゆる問題を解決するために活用される日が、もうすぐそこに来ています。

日本のAIロボットが活躍することで、世界中の人々がその恩恵を受け、日本という国が再び国

際社会の中で輝く時代がやってくるのです。

私たちは、この未来を心から信じています。日本が生み出すAIロボットが、世界中の社会問題を解決し、人々に希望をもたらすその日は目の前にあるのです。日本の技術と情熱が、世界中の人々に幸福と平和をもたらすことができる未来が目の前にあるのです。

さあ、共にこの新しい時代を迎えましょう。

日本のAIロボットが、世界を変えるその瞬間を目の当たりにし、私たちの未来が輝くことを信じて、共に進んでいきましょう。

日本が持つ技術と創造力が、未来を切り開き、世界をより良い場所に変えることができるのです。

そして、未来は私たちの手の中にあるのです。

【まとめ】

○これまで通りのやり方では日本を救えないことを理解しなければならない。

○人間の労働力を増やすことは難しいかもしれないが、AIロボットの数を増やすことは可能である。

○民間企業にロボット導入を提案するだけではなく、行政が先頭に立ってロボットを積極的に購入し、その普及を推進していただきたい。

○人口減少、少子高齢化、そして労働力不足といった日本が直面する深刻な課題に対して、AIロボットはその答えを提供することができる。

○日本のAIロボットが活躍することで、世界中の人々がその恩恵を受け、日本という国が再び国際社会の中で輝く時代がやってくる。

エピローグ

最後にこの書籍を通じて政府の方々、そしてこれを読まれているみなさんにメッセージがあります。

日本は今、かつてないほど深刻な課題に直面しています。

少子高齢化が進み、人口が減少している一方です。

若者たちは未来への希望を失い、多くの不安を抱えています。

特に10代、20代、30代における死亡原因の1位が自殺であるという悲惨な現実は、私たちの社会がどれほど深刻な状況に陥っているかを物語っています。さらに、精神的な病を抱える若者たちが増加していることも、この国の未来を憂慮せざるを得ない現状です。私たちは、この悲しい現実を何とかしたいと心から願っています。若者たちが希望を持ち、明るい未来を信じて生きられる社会を実現するために、私たちは本気で取り組んでいます。

未来を担う若者たちが、将来を恐れることなく、自分たちの夢を追い求めることができる社会

を創りたい。

それが、私たちの強い願いです。

AIロボットは、そのカギとなるかもしれません。技術の進化が人々の生活を豊かにし、社会全体を明るく照らす希望の光となることを信じています。AIロボットがもたらす未来は、単なる技術革新ではなく、人々の心を救い、若者たちが安心して暮らせる環境を提供するものです。

例えば、労働力不足に悩む日本社会で、AIロボットが人々の負担を軽減し、若者たちが自分の夢を追い求める時間とエネルギーを得ることができるようになります。**彼らが過労やストレスに苦しむことなく、未来に向かって進んでいけるような社会を実現することが、私たちの使命です。**

また、AIロボットは、精神的なサポートを提供するパートナーとしても活躍できる可能性を秘めています。

AIが心のケアに寄り添い、孤独や不安を感じている若者たちに寄り添う存在となることで、彼らの心の負担を軽減し、希望を持って生活できる環境を作り出すことができます。

私たちの目指す社会は、誰もが安心して過ごせる場所であり、AIロボットはその実現に不可欠な要素となるでしょう。

日本が直面している高齢化や労働力不足の問題は、待ったなしの状況です。

これを解決するためには、AIロボット技術の導入が急務です。AIロボットは、労働力を補完し、高齢者の生活をサポートするだけでなく、社会全体の生産性を向上させる力を持っています。

しかし、この未来を実現するためには、私たち全員がロボットへの理解を深め、社会全体として協力し合うことが必要です。

企業、政府、そして社会全体が一体となり、若者たちのために何ができるかを真剣に考え、行動を起こす時が来ています。

AIロボットが、若者たちにとっての希望の光となり、日本全体が明るい未来を迎えるためには、私たち1人ひとりがその意識を持つことが重要です。

私たちは、本気でこの問題に取り組んでいます。

若者たちが未来に希望を持ち、安心して生きられる社会を創るために、AIロボットの力を最大限に活用し、共に新しい時代を築いていきましょう。

未来は、私たちの手の中にあります。

どうか、一緒にこの夢を現実のものにするために力を貸してください。

日本の未来を、そして若者たちの未来を、共に守り抜きましょう。

日本政府はこれまで、少子化対策、雇用対策、後継者問題、人手不足、社会保障の問題など、数々の社会課題に真摯に向き合い、法案化し、前進させるために努力をつづけてきました。その努力と情熱には、心から敬意を表したいと思います。政府が一生懸命に議論を重ね、私たち国民のために最善を尽くしていることは疑いの余地がありません。

しかし、ここで1つ、立ち止まって考えてみてください。これまでの対策や法案が、果たしてどれだけの効果をもたらしたのでしょうか？

若者たちは依然として将来に不安を抱え、高齢化社会はますます進行し、人口減少が続く現状は、依然として大きな課題として残されています。

私たちは今、この現状を本当に打破するために、根本的な改革が必要だと強く感じています。

AIロボット産業がこの改革のカギとなることは、もう疑いようがありません。AIロボットは、人手不足を解消し、高齢者の生活を支え、次世代の産業を牽引する力を持っています。

しかし、その可能性を現実のものとするためには、国のバックアップと資金的な援助がどうし

ても不可欠です。

AIロボット産業の未来を切り開くために、政府や地方公共団体が直接AIロボットを購入することが必要です。

これにより、AIロボット業界の開発は一気に加速し、私たちの社会全体がその恩恵を受けることができます。現状、ベンチャー企業のロボット開発者たちは、研究資金の不足に悩んでおり、その結果、研究がストップして、最悪の場合、廃業に追い込まれてしまうケースも少なくありません。

これでは、未来を切り開くための技術が、芽を出す前に摘まれてしまうのです。

この状況を打開するために、どうか政府が、そして地方公共団体が、AIロボット産業を直接的にサポートする新しい枠組みを作っていただけないでしょうか？

私たちの未来を明るくするための技術が、今まさに手の届くところにあります。政府の支援があれば、この技術は一気に花開き、私たちの社会を変える大きな力となるでしょう。

このメッセージが届くことを願っています。

私たちが共に進んでいく未来が、AIロボットの力によって明るく輝くものであるように、そしてその未来を実現するために、政府がその力を貸してくれることを信じています。日本が直面する深刻な課題を乗り越え、未来を切り開くためには、AIロボット産業の発展が不可欠です。

これまでにも、世界の多くの国々が自国の産業を全力でバックアップすることで、驚異的な成功を収めてきました。その中でも、台湾と韓国の半導体産業は、国家の支援によって大きく飛躍し、今では世界をリードする存在となっています。

台湾の半導体産業は、世界中でその技術力と生産能力を高く評価されています。この成功の背後には、台湾政府による強力な支援がありました。１９８０年代、台湾政府は科学技術の発展を国家戦略と位置づけ、特に半導体産業に注力しました。政府主導での研究開発支援や、産業基盤の整備が行われ、TSMC（台湾積体電路製造公司）などの企業が急速に成長しました。今では、台湾は世界の半導体市場を牽引する重要な存在となり、国際的な影響力を持つまでに至っています。

韓国の半導体産業も、国家のバックアップによって飛躍的な成長を遂げました。サムスンやSKハイニックスといった企業は、政府からの莫大な投資と支援を受け、世界市場でのシェアを拡大してきました。韓国政府は、経済の中核として半導体産業を位置づけ、研究開発のための資金提供や、人材育成に力を注いできました。

その結果、韓国は今や世界の半導体市場で重要な役割を果たし、世界中からその技術力が認められています。

これらの事例は、国家が産業を全力でバックアップすることが、どれほど大きな力を生むかを示しています。そして、同じように日本がAIロボット産業を支援することができれば、私たちもまた、世界をリードする新たな産業を築くことができるのです。

AIロボット産業は、すでに日本国内での課題解決に向けて重要な役割を果たしています。

しかし、これを世界規模で拡大し、真に戦える産業へと成長させるためには、政府の強力なバックアップが不可欠です。

研究開発のための資金提供、インフラ整備、規制緩和など、国家が全面的に支援することで、AIロボット産業は飛躍的に成長し、日本だけでなく世界中の社会問題を解決する力となるでしょう。

現在、日本のベンチャーロボット開発会社は、研究資金の不足や資金調達の難しさに直面しています。その結果、技術開発が停滞し、企業が廃業に追い込まれることも少なくありません。

このような状況を放置していては、未来を切り開くはずの技術が、日の目をみることなく消えてしまう可能性があります。

しかし、もし日本政府や地方公共団体が、これらの企業を直接支援し、ロボットの開発や普及に資金を提供すればどうでしょうか？

台湾や韓国が半導体産業で成し遂げたように、日本もまた、AIロボット産業を世界のトップクラスへと押し上げることができるはずです。そして、その成果は、単に経済的な利益だけでなく、世界中の人々に希望と安心をもたらすことになるでしょう。

この未来を実現するためには、私たち1人ひとりの努力と、政府の強力な支援が不可欠です。

日本が再び世界に誇れる産業を築き上げるために、そしてその技術が世界中の人々を救うために、今こそ共に行動を起こしましょう。

日本のAIロボット産業が世界を変える、その瞬間を共に迎えるために、私たちは未来を信じて歩みつづけるのです。日本はこれまで、数多くの産業で世界をリードしてきました。その努力と成果は、私たち全員が誇りに思うべきものです。

しかし、今、私たちは大きな岐路に立たされています。

AIロボットという新たな市場においても、日本が世界のトップシェアを狙うためには、国家や政府の強力なバックアップが必要不可欠です。もし、この支援がなければ、私たちはまた同じ過ちを繰り返すことになるかもしれません。

かつて、技術力で世界をリードしていた日本が、他国に追い越され、経済が縮小していく未来を私たちはもうみたくありません。

私たちは、この国が再び輝きを取り戻し、世界に影響力を持つ産業大国として復活する姿をみたいのです。

今、私たちが立ちあがらなければ、未来は変わりません。

AIロボット産業が日本の経済を支え、世界を変える力を持つために、政府が積極的に支援する必要があります。

当社の活動に少しでも共感された方は、ぜひ一緒に一歩ずつ日本を変えていきませんか？

最後にこのたびの書籍を執筆するにあたり、多くの方々のご協力を賜りました。特に、川崎重工様には多大なご協力をいただきました、なかでもロボットディビジョン ソリューション営業部長の福舎様には、最新ロボット技術に関する深い知見を共有いただき、執筆内容の精度を高めるために多大なご協力をいただきました。また、株式会社Qbit Roboticsの中野社長には、AIロボットの未来像や社会的役割に関する貴重なご意見をいただき、ロボットと人間の共存に関するテーマを一層豊かなものにすることができました。川崎重工様、Qbit Robotics様のご支援なくしては本書の完成はありえなかったと感じております。ご協力に、心より感謝いたします。

https://az-ai-robot.com/contact/

新井 亨

年商100億円以上の企業のサポートも行うサブスクD2C業界の第一人者。
University of Wales MBA卒業。北京へ留学し在学中に貿易会社事業などで起業。その後不動産、美容、貿易など複数ビジネスを成功させたシリアルアントレプレナー（連続起業家）。帰国後、上場企業などの相談役など、複数の会社の経営に携わり圧倒的な成果を収める。そのノウハウと実績が評価され、上場会社とのセミナーを全国で行っている。サブスク事業やSaaS事業のクライアントのマネタイズ実績は累計500億円以上。2024年１月、東京証券取引所プロマーケット市場へ新規上場を果たす。海外での経営実績が豊富で、シンガポールや中国・香港・台湾などアジアを中心とする財閥企業や華僑系企業とのネットワークを持つ。日本初となる双腕AI搭載バリスタカフェロボットを企画販売、AIロボットとサブスクを組み合わせたビジネス特許も保有している、日本の素晴らしい技術を世界中へ発信するためAZ日本AIロボット株式会社の共同創業者として経営参画。人間とAIロボットが助け合う（共存する）社会を目指している。

鄭 剣豪

アジア貿易、投資ファンド運営、企業 M&A、工業団地開発、文化交流事業、不動産 開発管理など複数事業を行い、寧波、香港、北京、東京、大阪、北九州など各地で法人を運営。アジアを中心として世界中にネットワークを持つ。経営者として活躍する傍ら、20年以上日中友好交流活動に尽力、日中未来研究会会長、北京大学日本同窓会理事長、神戸市企業誘致顧問、北九州市立大学大学院特任教授などを歴任。両国マスコミを通じ、日中友好論者として、積極的に活動を展開。2010年カンブリア宮殿に出演、2014年には神戸P&G ジャパン30 階建て本社ビルを買収（現：アジアワンセンター）。2015年TOBにより東証上場の株式会社エムエイチグループを買収し、同社代表取締役会長に就任、2021年夕張再生事業に着手、財政破綻した夕張市のリゾートスキー場を再生し、現在夕張剣豪マンションを運営、2024年AZ日本AIロボット株式会社を共同創業。AIロボットが地域創生に寄与し、日本製ロボットが世界中にある社会実現を目指している。

AI×ロボット革命

発行日：2024 年 10 月 20 日（初版発行）

著者　：AZ 日本 AI ロボット株式会社
　　　　新井 亨
　　　　鄭 剣豪

発行所　：株式会社カナリアコミュニケーションズ
　　　　〒 141-0031　東京都品川区西五反田 1-17-1
　　　　TEL：03-5436-9701　FAX：03-4332-2342
　　　　http://www.canaria-book.com/

装丁　：堤 優綺乃

DTP　：株式会社ブレインナビオン

印刷所　：株式会社昇寿堂

ISBN978-4-7782-0528-7 Printed in Japan
定価はカバーに表示してあります。乱丁・落丁本がございましたらお取り替えいたします。
カナリアコミュニケーションズあてにお送りください。

カナリアコミュニケーションズの書籍のご案内

DX に翻弄される日本の会社と社会
近藤 昇 著
2024 年 7 月発刊／定価 1600 円 (税抜)
ISBN978-4-7782-0526-3

アトツギが日本の未来を拓く
ブレインワークス 著
2024 年 9 月発刊／定価 1600 円 (税抜)
ISBN978-4-7782-0527-0

百折不撓
～日本の伝統工法「真壁」の木造住宅の全国展開を実現した創業社長加納文弘の挫折と再起の人生を辿る～
近藤 昇 著
2024 年 6 月発刊／定価 1600 円 (税抜)
ISBN978-4-7782-0524-9

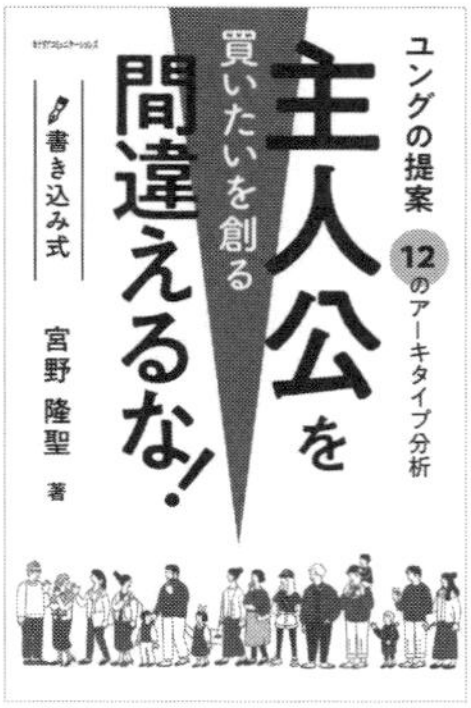

主人公を間違えるな
宮野 隆聖 著
2024 年 7 月発刊／定価 1800 円 (税抜)
ISBN978-4-7782-0525-6

カナリアコミュニケーションズの書籍のご案内

豊かに歳を重ねるための
「百人力」の見つけ方
澤岡 詩野 著
2023 年 8 月発刊／定価 1600 円 (税抜)
ISBN978-4-7782-0516-4

田舎ビジネス『イナビジ』のススメ
～“ドラゴンボール世代”の新しい働き方！～
林 直樹 著
2024 年 5 月発刊／定価 1300 円 (税抜)
ISBN978-4-7782-0523-2

逆風の向こうに
～ある起業家が紡いだ奇跡の物語～
新賀 太蔵 著
2023 年 4 月発刊／定価 1500 円 (税抜)
ISBN978-4-7782-0512-6

歴史から読み解くアジアの政治と外交
坂場 三男 著
2024 年 2 月発刊／定価 1800 円 (税抜)
ISBN978-4-7782-0520-1